Le guide juridique

de la pêche

Claude Le Tanter

Le guide juridique

de la pêche

Éditions RUSTICA

Dépôt légal : février 1999
ISBN : 2-84038-285-7
N° d'éditeur : 48219

Sommaire

Préface

La pêche, un vaste espace de loisir et de liberté

Cet ouvrage de Claude Le Tanter s'attache à dresser un tableau très complet de la réglementation de la pêche en France. Il décrit aussi parfaitement l'organisation structurelle de la pêche associative française. Il constitue par conséquent une très bonne référence pour le lecteur.

La France est le pays de la pêche, non seulement par la richesse de son réseau piscicole, mais aussi par sa remarquable organisation associative, qui a su mettre en œuvre les évolutions dictées par les changements structurels de la société.

« La pêche est d'intérêt général » (article 230.1 du Code rural). Son exercice repose sur l'implication et le dévouement des responsables des 4 167 associations de pêche et de protection du milieu aquatique, regroupées en 92 fédérations départementales. Tout au long de l'année, des milliers de bénévoles gèrent, restaurent, surveillent, animent, en un mot s'investissent pour permettre à 2 200 000 Français de s'adonner à leur loisir dans les meilleures conditions.

Ces dernières années, ce formidable maillage s'est attaché à faire évoluer la pêche en eau douce en essayant de faire correspondre les demandes des pratiquants (simplification de la réglementation, qualité de l'eau, création de nouvelles cartes, développement des écoles de pêche...) à la réalité d'une société de consommation désordonnée (pollutions, barrages, prélèvements intensifs...) qui porte atteinte aux milieux aquatiques et à leurs habitants.
Pour cela, les collectivités piscicoles se sont investies dans une politique de gestion et de protection des milieux aquatiques nationaux afin de transmettre aux générations futures une pêche qui soit un vaste espace de loisir et de liberté, de communion avec la nature et un facteur de développement économique pour les zones rurales.

Camille Solelhac
Président de l'Union nationale de la pêche
et de la protection du milieu aquatique

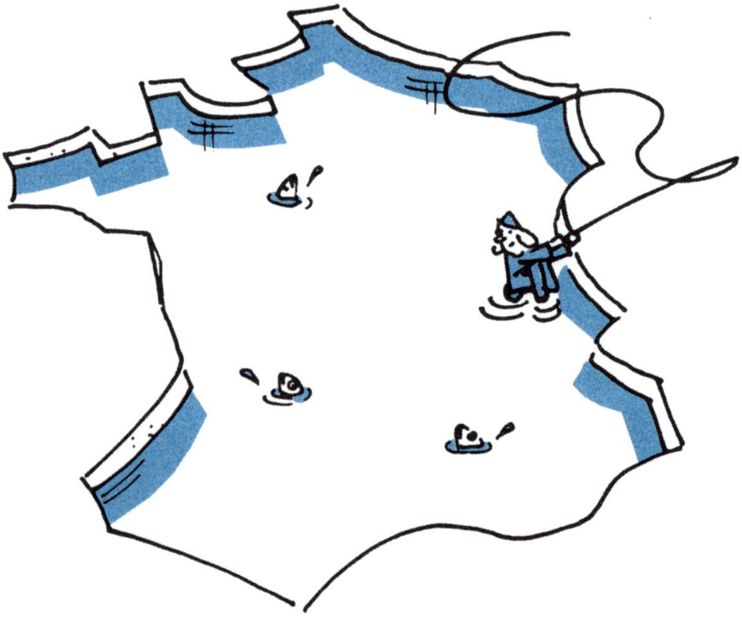

Avant-propos

Aussi contraignante soit-elle, la réglementation de la pêche n'a pas pour but de compliquer inutilement la vie des pêcheurs. Au contraire, il est de protéger et donc de pérenniser cette activité soumise à bien des aléas. S'agissant d'un milieu vivant, fragile, divers et souvent menacé, les choses ne pouvaient être simples. Les textes des lois et règlements ne sont donc que le reflet de cette complexe réalité.

Par ailleurs, l'aspect essentiel de la législation n'est pas son volet répressif, même s'il est nécessaire et important. Il convient plutôt de souligner sa vocation gestionnaire. Celle-ci est clairement affirmée dans le Code rural, qui stipule que « la préservation des milieux aquatiques et la protection du patrimoine piscicole sont d'intérêt général ; ce qui implique une gestion équilibrée des ressources piscicoles dont la pêche, activité à caractère social et économique, constitue le principal élément ». Le respect de la réglementation doit donc relever du civisme et des intérêts bien compris du pêcheur plus que de la peur du gendarme.

Le présent ouvrage ne s'adresse pas aux spécialistes. Il ne constitue pas davantage une étude exhaustive de la réglementation de la pêche. Il tente plus modestement d'en exposer les règles essentielles. Pour ce faire, nous avons tenté de trouver un cheminement logique afin de pouvoir répondre aux questions des pêcheurs telles qu'elles se posent concrètement au bord de l'eau.

À cet égard, chacun doit avoir toujours en tête les quatre conditions qui doivent être nécessairement réunies pour pouvoir se livrer à l'exercice de la pêche dans les eaux soumises à la réglementation :

- avoir adhéré obligatoirement à une association agréée de pêche et de pisciculture ;
- avoir acquitté la taxe piscicole correspondant au mode de pêche pratiqué et à la catégorie piscicole des eaux ou en être légalement dispensé ;
- avoir l'autorisation ou la permission du détenteur du droit de pêche ;
- respecter la réglementation.

Enfin, il faut souligner également que la souplesse de la réglementation de la pêche en eau douce permet souvent de l'adapter aux conditions locales. Ce qui se traduit par de nombreuses dérogations à la règle commune. En conséquence, lorsqu'il ne se trouve pas en pays de connaissance, le pêcheur doit impérativement s'informer des règles applicables. Faute de quoi il s'expose à de fâcheux et coûteux déboires.

Quelle réglementation pour quelles eaux ?

Pour déterminer l'étendue des droits et devoirs du pêcheur, il est nécessaire de connaître avec précision le statut juridique des eaux où il souhaite exercer son art. À cet égard, plusieurs critères sont à retenir. En premier lieu, il convient de savoir s'il s'agit :

- d'eaux « libres » ou d'eaux « closes » ;

- d'eaux domaniales ou non.

Il est important également de connaître la catégorie piscicole des eaux en question et de savoir à qui appartient le droit de pêche.

I - Eaux libres ou eaux closes ?

On distingue les eaux dites « libres », où l'exercice de la pêche est soumis à la législation, des eaux « closes », où il ne l'est pas. On trouve également une catégorie intermédiaire, appelée aujourd'hui « pisciculture », où seules quelques dispositions du Code de la pêche sont applicables.

1 - Les eaux libres

Les eaux dites « libres » sont soumises aux dispositions réglementant l'exercice de la pêche. Elles sont constituées par l'ensemble du réseau hydrographique national (cours d'eau, canaux, ruisseaux...) et les plans d'eau avec lesquels il est en communication. Notons que les dispositions relatives à la police de la pêche concernent non seulement les poissons, mais s'étendent également aux crustacés et aux grenouilles ainsi qu'à leur frai.
Par ailleurs, il faut savoir que des dispositions particulières sont ou peuvent être applicables :

- à la Bidassoa [1], au lac Léman [2], à la section du Doubs faisant frontière avec la Suisse ;
- à certains grands lacs intérieurs et lacs de montagne désignés par arrêté ministériel ;
- aux parcs nationaux et aux réserves naturelles pour lesquels il convient de se référer au décret officialisant leur création.

Enfin, les conditions d'exercice de la pêche sont applicables aux départements et aux territoires d'outre-mer, ainsi qu'aux collectivités territoriales de la République.

2 - Le cas des fleuves et canaux affluant à la mer

Dans les cours d'eau et canaux affluant à la mer, la réglementation de la pêche en eau douce s'applique en amont de la limite de salure des eaux. En aval, les eaux sont soumises à la législation sur la pêche en mer. En cas de doute sur l'emplacement exact de cette limite, inutile de se livrer à un

1. *Fleuve qui sépare pendant 12 km la France de l'Espagne.*
2. *Ou lac de Genève, à la frontière franco-suisse.*

périlleux exercice de dégustation pour déterminer le degré de salinité de ces eaux : cette ligne purement fictive est en effet fixée par des textes législatifs ou réglementaires ou, à défaut, par les tribunaux.
La pêche des amphihalins (poissons migrateurs vivant alternativement dans les eaux douces et les eaux salées) fait l'objet de dispositions particulières (voir 89 et suivants).

3 - Les eaux closes

La distinction entre les eaux libres, où la réglementation sur la pêche est applicable, et les eaux closes, où elle ne l'est pas, s'opère en fonction du critère de la communication de l'eau. Ceci, quelle que soit leur dénomination : plan d'eau, étang, lac, gravière, ballastière, etc. Peuvent être considérés comme eaux closes les plans d'eau sans communication avec les eaux libres. Il s'agit de ceux qui sont alimentés par les eaux de ruissellement, de source, de forage, de pompage, ou par la nappe phréatique. Ils peuvent être en communication avec d'autres plans d'eau, mais sous réserve que ces derniers ne soient pas eux-mêmes considérés comme eaux libres. Toutefois la communication avec les eaux libres reste possible, en aval, mais à la condition qu'elle s'opère par des fossés ou exutoires de drainage ne permettant pas la vie piscicole. Il a été jugé à cet égard que la présence en quantité significative d'invertébrés aquatiques dans un exutoire, et corrélativement la possibilité d'une vie piscicole établie, justifie la qualification d'eau libre d'un plan d'eau.
Dans les eaux closes, comme il a été dit, la pêche n'est soumise à aucune réglementation. En conséquence, le poisson peut être capturé par tous moyens (lignes, filets, etc.) et en tous temps. La possession d'un permis n'est pas nécessaire. Pour se livrer à l'exercice de la pêche dans ces eaux, il suffit de disposer de l'autorisation de leur propriétaire et de respecter, le cas échéant, les règles qu'il a établies.

4 - Mise en communication temporaire

Il peut arriver qu'une eau dite « close » soit mise temporairement en communication avec des eaux libres. Perd-elle pour autant son statut particulier qui lui permet d'échapper aux lois sur la pêche ? Plusieurs situations sont à envisager.

Ne sont pas considérées comme des mises en communication et ne conduisent pas à donner au plan d'eau le statut juridique d'eau libre :

- les circonstances imprévisibles, accidentelles et inévitables, comme les crues exceptionnelles (voir aussi 15) ;
- les vidanges lorsqu'elles sont destinées exclusivement à la capture du poisson.

Dans les autres cas, en présence d'une communication non continue, il appartient, le cas échéant, à l'administration et en dernier ressort au juge saisi du litige de statuer sur la qualification d'eau close ou d'eau libre du plan d'eau.

5 - Changement volontaire de statut

Le propriétaire d'un plan d'eau considéré comme eau « close » qui, par exemple, ne souhaite pas assurer sa gestion, ou pour toute autre raison, peut demander au préfet son assujettissement à la police de la pêche. Il s'agit d'une simple faculté et non d'une obligation. Cette opportunité peut être accordée pour une durée de 5 à 15 ans renouvelable.

6 - Le cas des plans d'eau dits « piscicultures »

Il existe une catégorie intermédiaire entre les eaux closes et les eaux libres. Il s'agit de plans d'eau dont la dénomination a changé au fil du temps. Longtemps appelés « enclos piscicoles », ils ont pris aujourd'hui le nom de piscicultures. Sont désignées sous ce terme les exploitations d'élevage du poisson, destinées notamment à la consommation ou au repeuplement, mais également celles qui permettent la pratique de la pêche à la ligne. Dans ce dernier cas, elles sont dites « de valorisation touristique ».
Ces piscicultures sont établies en dérivation ou par barrage sur un cours d'eau et, de ce fait, elles sont en communication avec les eaux libres. Mais elles sont équipées de dispositifs permanents empêchant la libre circulation du poisson entre elles et les eaux avec lesquelles elles communiquent.
La création de ces plans d'eau est soumise à autorisation. Ceux qui ont été créés illégalement avant le 1er janvier 1986 pouvaient faire l'objet d'une régularisation jusqu'au 1er janvier 1999.

7 - Les piscicultures et la réglementation

À l'exception de certaines dispositions concernant notamment la pollution et le peuplement[3], les piscicultures ne sont pas soumises à la réglementation sur la pêche. Cependant, dans certains cas, il est nécessaire d'avoir acquitté une taxe piscicole dite « de plan d'eau » pour pouvoir y pratiquer la pêche à la ligne (voir 24). Mais, compte tenu des différentes situations juridiques envisageables, seul le propriétaire du plan d'eau est à même d'indiquer si le paiement de la taxe piscicole est obligatoire ou non (voir tableau : Réglementation de la pêche selon le statut juridique des eaux).

II - Eaux publiques ou privées ?

Le réseau piscicole français est constitué de 50 000 hectares de lacs et de 250 000 kilomètres de fleuves, rivières et ruisseaux. La différence de statut juridique de ces eaux, publiques ou privées, n'est pas sans conséquence sur les conditions d'exercice de la pêche.

8 - Le domaine public fluvial

Outre certains lacs et plans d'eau, le domaine public comprend la plupart des cours d'eau et leurs affluents, dès lors qu'ils présentent une masse d'eau suffisante pour supporter la navigation.
Selon l'article premier du Code du domaine public fluvial et de la navigation intérieure, les eaux domaniales comprennent notamment :

- les cours d'eau flottables et navigables ;
- tous leurs bras, même ni navigables ni flottables, s'ils prennent naissance au-dessus du point où ces cours d'eau deviennent flottables et navigables ; les dérivations ou prises d'eau artificielles, même établies dans des propriétés particulières, à condition qu'elles aient été pratiquées par l'État, dans l'intérêt de la navigation ou du flottage ;

3. Interdiction d'introduire des poissons d'espèces susceptibles de provoquer des désordres biologiques (perche soleil, poisson-chat) ou non représentées dans les eaux françaises et, en outre, dans les eaux de première catégorie, des brochets, perches, sandres et black-bass.

- les lacs navigables et flottables ainsi que les retenues établies sur les cours d'eau du domaine public, à condition que les terrains submergés aient été acquis par l'État ;
- les rivières canalisées, les canaux de navigation, étangs ou réservoirs d'alimentation, contrefossés et autres dépendances ;
- les ports publics situés sur les voies navigables et leurs dépendances ;
- les cours d'eau, lacs et canaux qui, rayés de la nomenclature des voies navigables ou flottables, ont été maintenus dans le domaine public ;
- les cours d'eau et lacs ainsi que leurs dérivations classés dans le domaine public et destinés à assurer l'alimentation en eau des voies navigables, les besoins de l'agriculture et de l'industrie, l'alimentation des populations ou la protection contre les inondations.

9 - Le domaine fluvial privé

Les cours d'eau privés, qualifiés autrefois de « ni navigables ni flottables », sont tous ceux qui n'ont pas été classés dans le domaine public. Le domaine privé comprend également tous les plans d'eau qui sont en communication avec un cours d'eau non domanial (voir 6) et qui, n'étant pas considérés comme « piscicultures », sont soumis à la réglementation de la pêche.
En règle générale, le lit des cours d'eau non domaniaux appartient aux propriétaires des deux rives, qui sont en conséquence titulaires du droit de pêche. Ce qui leur confère un certain nombre de droits, et en particulier ceux d'interdire :

- la pêche sans leur autorisation, sauf dans le cas où le droit de pêche aurait été concédé à un tiers (association, particulier...) ;
- l'accostage des bateaux, puisqu'ils sont aussi propriétaires des berges ;
- à toute personne, pêcheur en particulier, de prendre pied sur les berges, même dans l'hypothèse où la circulation en bateau sur le cours d'eau en question est autorisée (voir à ce sujet 80 et 115).

10 - Droits et devoirs des propriétaires riverains

Voir 108.

III - Le droit de pêche

Le droit de pêche est un attribut du droit de propriété. Il appartient à l'État sur les cours d'eau et plans d'eau domaniaux et aux propriétaires riverains dans les autres cas.

11 - Le droit de pêche de l'État

Sauf cas exceptionnels, le droit de pêche appartient à l'État, qui l'exerce à son profit dans les cours d'eau, canaux, ruisseaux, plans d'eau et d'autres lieux qui ont été classés dans le domaine public. Ce droit est également dévolu à l'État dans les parties non salées des cours d'eau et canaux affluant à la mer (voir 2).

12 - Le droit de pêche des propriétaires riverains

Dans les eaux n'appartenant pas au domaine public, les propriétaires riverains ont, chacun de leur côté, le droit de pêche jusqu'au milieu du cours d'eau ou du canal. Lorsque le propriétaire du lit du cours d'eau est distinct de celui de la berge ou de la rive, c'est au premier que revient le droit de pêche. Ce droit appartient également aux propriétaires des plans d'eau non domaniaux.

La qualité de détenteur du droit de pêche, s'il souhaite pêcher, ne dispense pas le propriétaire riverain d'un cours d'eau ou celui d'un plan d'eau non domanial de se conformer à la législation sur la pêche : adhésion à une « association agréée de pêche et de protection du milieu aquatique » (AAPPMA - voir 19 et suivants), versement de la taxe piscicole, respect des conditions d'exercice de la pêche. En revanche, il peut adhérer à l'AAPPMA de son choix et non pas nécessairement à l'association locale.

Il arrive également que le propriétaire du droit de pêche soit l'État, lorsque son domaine privé est bordé ou traversé par des cours d'eau non domaniaux. Ce droit peut également appartenir à une collectivité locale ou à un établissement public.

13 - Le transfert du droit de pêche

Le droit de pêche de l'État est loué aux associations de pêche agréées, par adjudication, dans les conditions précisées par la loi. Les propriétaires riverains peuvent conserver ce droit de pêche pour eux-mêmes, le louer à une association de pêche agréée ou même à un particulier. Il arrive fréquemment que le transfert du droit de pêche relève d'une simple tolérance du propriétaire riverain et non d'un bail en bonne et due forme. Pour le pêcheur, cela ne remet pas en cause l'obligation du strict respect de la réglementation.

14 - L'autorisation de pêcher

Quelles que soient les eaux concernées, pour pouvoir pêcher il faut impérativement disposer de l'autorisation du détenteur du droit de pêche. Lorsqu'il est attribué à une AAPPMA, le simple fait d'adhérer à cette dernière confère automatiquement le droit de pêcher sur les lots gérés par l'association ou sur d'autres, au titre de la réciprocité (voir 68 et suivants). Outre le montant de la cotisation statutaire, le pêcheur doit avoir également acquitté la taxe piscicole correspondant notamment au mode de pêche pratiqué (voir 19 et suivants, et 66 et suivants).
Si le propriétaire riverain n'a pas délégué son droit de pêche (même de façon informelle), l'autorisation de pêcher ne peut émaner que de lui-même ou de son représentant. La permission peut être annuelle, mensuelle ou journalière. Mais elle ne dispense pas le pêcheur d'adhérer à une AAPPMA.

15 - Droit de pêche et inondations

Que devient le droit de pêche en cas de crue ou d'inondation et quels sont les droits et devoirs des pêcheurs en de tels cas ? S'agissant du domaine public, les limites sont déterminées par la hauteur des eaux coulant à pleins bords avant de déborder. En cas de crue donc, rien n'est modifié. En revanche, le droit de pêche de l'État ne s'étend pas aux eaux d'inondation : ce sont les propriétaires des terrains inondés qui l'acquièrent à la faveur de ces circonstances, ceci dans les limites de leurs propriétés. Ils peuvent donc l'exercer, mais en respectant la réglementation et sans pouvoir interrompre la communication de l'eau ou la circulation du poisson.

Conséquence pratique pour le pêcheur : il lui faudra en principe obtenir l'autorisation des propriétaires en question dès lors qu'il dépassera les limites du domaine public.
Mais que se passe-t-il lorsque, les inondations terminées, des amas d'eau subsistent, mais sans communication avec le cours d'eau d'origine ? S'ils se situent sur le domaine public, la réglementation peut s'appliquer. Dans le cas contraire, le droit de pêche appartient aux propriétaires des terrains, et il semble que la pratique de la pêche y soit libre. Mais attention, cette question paraît donner lieu à controverses.

16 - Eaux closes et inondations

S'il s'agit d'eaux closes, et comme il a été dit par ailleurs, les crues exceptionnelles les mettant en communication avec les eaux libres ne remettent pas en cause leur statut juridique. Cependant, la réglementation de la pêche peut s'appliquer, mais uniquement pendant le temps de la communication et seulement dans les parties inondées.

IV - Quelle catégorie piscicole ?

Connaître la catégorie piscicole du cours d'eau ou du plan d'eau où l'on souhaite pêcher permet non seulement de déterminer les dates d'ouverture et de fermeture de la pêche, mais également ses conditions d'exercice, et notamment le prix de la taxe piscicole, le nombre de lignes qu'il est possible d'utiliser, etc.

17 - Première ou seconde catégorie ?

Contrairement à une idée très largement répandue, les eaux de première catégorie ne s'identifient pas nécessairement au domaine privé, et les eaux de seconde catégorie au domaine public. Le classement de ces eaux s'opère, en effet, non en fonction de la propriété du lit, mais de leur peuplement piscicole.

Selon la réglementation, donc (article L. 236-5 du Code rural) :

- la première catégorie comprend les cours d'eau, canaux et plans d'eau qui sont principalement peuplés de truites, ainsi que ceux dont il paraît désirable d'assurer une protection spéciale des poissons de cette espèce [4] ;
- la seconde comprend tous les autres cours d'eau, canaux et plans d'eau soumis à la réglementation de la pêche.

18 - Important : savoir où l'on pêche

Il est essentiel de connaître le régime juridique des eaux dans lesquelles on pêche. À défaut, le pêcheur s'expose à des risques pénaux et financiers importants. Il faut savoir, à ce sujet, qu'il n'existe pas, sur le terrain, de signes tangibles permettant de déterminer à tous coups, par exemple, si les eaux en question sont classées ou non dans le domaine public ou de reconnaître leur catégorie piscicole. En cas de doute, il faut impérativement se renseigner sur place, et ceci préalablement à tout acte de pêche. On peut également se reporter utilement au guide édité par les fédérations de pêcheurs. Il donne toutes les informations nécessaires à la pratique de la pêche dans le département. On peut également prendre contact directement avec les fédérations (voir à ce sujet les adresses en fin d'ouvrage). Attention, n'attendez pas le dimanche pour vous renseigner, car vous risquez de vous heurter partout à des portes closes !

4. *Voir note page 15.*

Réglementation de la pêche selon le statut juridique des eaux

Statut des eaux	Définition	Conditions d'exercice de la pêche
Eaux closes	Plans d'eau sans communications en amont avec les eaux libres, alimentés par ruissellement, sources, forages, pompages, nappes phréatiques ; possibilités de communication éventuelle en aval, mais uniquement par des fossés ou exutoires de drainage ne permettant pas la vie piscicole.	La réglementation ne s'applique pas : pour pouvoir y pêcher, il suffit de disposer de l'autorisation du propriétaire du plan d'eau ; l'adhésion à une AAPPMA et le paiement d'une taxe piscicole ne sont pas nécessaires.
Eaux libres	Toutes les autres eaux : cours d'eau, canaux, ruisseaux et les plans d'eau avec lesquels ils communiquent.	La réglementation de la pêche s'applique dans sa globalité : adhésion à une AAPPMA, paiement de la taxe piscicole, permission du détenteur du droit de pêche.
Plans d'eau créés légalement après le 1er janvier 1986 et appelés piscicultures	Plans d'eau en communication avec les eaux libres, mais équipés de grilles empêchant la libre circulation du poisson.	La pêche à la ligne est possible (avec la permission du propriétaire des lieux) lorsque l'objet de pisciculture est considéré comme étant « à des fins touristiques ». La réglementation sur la pêche ne s'applique pas, à l'exception de certaines dispositions concernant la pollution et le peuplement. Pour pêcher, l'adhésion à une AAPPMA n'est pas obligatoire. En revanche, le paiement d'une taxe piscicole peut être nécessaire si le plan d'eau présente une superficie supérieure à 10 000 m^2 (voir 24).
Enclos piscicoles créés illégalement avant le 1er janvier 1986 et régularisés en piscicultures	Plans d'eau en communication avec les eaux libres et équipés de grilles empêchant la libre circulation du poisson.	Demande de régularisation en « pisciculture » adressée au préfet avant le 1er janvier 1999. Si son objet est la « valorisation touristique », la pêche à la ligne peut être autorisée. La réglementation sur la pêche ne s'applique pas, à l'exception de certaines dispositions concernant la pollution et le peuplement. Pour pêcher, l'adhésion à une AAPPMA n'est pas obligatoire. En revanche, le paiement d'une taxe piscicole peut être nécessaire si le plan d'eau présente une superficie supérieure à 10 000 m^2 (voir 24).
Plans d'eau créés illégalement après le 1er janvier 1986	Plans d'eau en communication avec les eaux libres créés sans autorisation de l'administration. Leurs propriétaires encourent des sanctions pénales.	La réglementation de la pêche est applicable dans sa globalité, que ces plans d'eau soient équipés ou non de grilles empêchant la libre circulation du poisson.
Plans d'eau existant légalement au 30 juin 1986, résultant de concession ou d'autorisation	Plans d'eau établis par dérivation ou par barrage et équipés de dispositifs permanents empêchant la libre circulation du poisson. Ils résultent d'une concession ou d'une autorisation administrative à durée limitée (30 ans). Au renouvellement des autorisations et des concessions, ces plans d'eau prendront le nom de pisciculture.	La réglementation de la pêche ne s'applique pas, à l'exception de certaines dispositions concernant la pollution et le peuplement. Pas d'adhésion à une AAPPMA et pas de taxe piscicole jusqu'au renouvellement de l'autorisation.
Plans d'eau créés en vertu de titre ou constitués en vue de la pisciculture avant le 15 avril 1829	Plans d'eau établis par dérivation ou barrage et équipés de dispositifs permanents empêchant la libre circulation du poisson. Ils peuvent : — avoir été créés en vertu d'un droit fondé sur titre comportant le droit d'intercepter la libre circulation du poisson ; — être constitués d'une retenue de barrage établie en vue de la pisciculture avant le 15 avril 1829.	La réglementation de la pêche ne s'applique pas à l'exception de certaines dispositions concernant la pollution et le peuplement. Pas d'adhésion à une AAPPMA et pas de taxe piscicole.

Quelle carte de pêche choisir ?

Toute personne qui se livre à l'exercice de la pêche dans les eaux libres (voir 1) doit justifier de sa qualité de membre d'une association agréée de pêche et de protection du milieu aquatique (voir 126 et suivants) ou d'une association agréée de pêcheurs amateurs aux engins et aux filets. Il doit avoir versé, outre sa cotisation statutaire, une taxe annuelle dite « piscicole », dont le produit est affecté aux dépenses de surveillance et de mise en valeur du domaine piscicole national.

19 - De quoi se compose la carte de pêche ?

La carte de pêche (qu'on appelle aussi permis) se compose de deux éléments bien distincts concrétisant le paiement :

- de la cotisation statutaire de l'AAPPMA à laquelle on est tenu d'adhérer ;
- de la ou des taxes piscicoles et des éventuels suppléments.

Le choix de la carte de pêche s'opère en fonction de différents paramètres, et en particulier :

- le mode de pêche choisi ;
- la catégorie piscicole des eaux ;
- la période pendant laquelle on pratique ce loisir ;
- l'âge de l'intéressé (plus ou moins de 16 ans) ;
- éventuellement sa situation sociale (invalide, appelé au service militaire...).

Nous présentons ci-après les différentes formules offertes au choix des pêcheurs, étant entendu qu'à chacune d'entre elles, à l'exception de la taxe « plan d'eau », correspond un prix spécifique de la cotisation statutaire et de la taxe piscicole.

20 - Taxe réduite ou complète ?

La taxe réduite permet de pêcher au coup et à la vermée[1] dans les eaux de seconde catégorie piscicole. Pour pratiquer la pêche en première catégorie (voir 17) ou au lancer à la mouche artificielle, au vif, au poisson mort ou artificiel, à la balance à écrevisses ou à crevettes, à la carpe de nuit, à la grenouille, à la carafe, il faut acquitter la taxe complète ou deux taxes réduites[2].

La pêche au lancer ne réside pas uniquement dans le fait d'utiliser une canne équipée d'un moulinet. Selon la définition du Conseil supérieur de la pêche, ce procédé consiste à « pêcher en récupérant le fil, de manière à rendre l'appât, le leurre ou l'esche attractif pour le poisson. La ligne est pêchante pendant le temps où le pêcheur la récupère ». On peut donc utiliser une canne avec un moulinet sans pour autant pêcher au lancer. Ainsi, la pêche à l'anglaise ou toute autre forme de pêche au coup qui permet uniquement

1. Vers enfilés sur un fil replié ensuite en paquet et destinés à la pêche à l'anguille.

2. La taxe complète est également nécessaire pour pratiquer la pêche à l'aide de fascines (fagots) et nasses à écrevisses ainsi qu'au carrelet et aux lignes dormantes dans les conditions précisées au 46.

de pêcher plus loin qu'avec une simple canne ne peuvent être assimilées à une pêche au lancer.

Il est dorénavant possible, comme cela était le cas auparavant avec le timbre « supplément », d'élargir en cours d'année ses possibilités de pêche en payant une deuxième taxe dite « réduite » (deux taxes réduites = une taxe complète).

Certaines pêches sont assujetties au paiement d'une taxe complémentaire. C'est le cas pour :

- les pêcheurs amateurs de civelles ;
- la pêche de la truite de mer ;
- la pêche au saumon (achat simultané de deux marques au maximum, voir 93).

21 - La carte journalière

Cette carte permet de pratiquer la pêche une seule journée, dans les cours d'eau de seconde catégorie ainsi que dans les plans d'eau de première et de seconde catégorie piscicole, selon les conditions fixées par l'association, sur tout ou partie des lots qu'elle détient.

22 - La carte vacances

La carte de pêche « vacances » permet de pêcher pendant une période de 15 jours consécutifs comprise entre le 1er juin et le 30 septembre ; ceci à tous les modes de pêche autorisés, en première comme en seconde catégorie piscicole.

23 - La carte jeune

Au regard de la législation sur la pêche, c'est après 16 ans qu'un jeune pêcheur doit acquitter les mêmes cotisations et taxes piscicoles que les adultes. En dessous de cet âge, deux possibilités s'offrent à lui :

- bénéficier de l'exonération de la taxe piscicole (voir 26). Auquel cas, il n'aura rien à payer, sauf, le cas échéant, une cotisation statutaire à taux réduit. Cela lui donnera la possibilité de pêcher à l'aide d'une seule ligne équipée de deux hameçons simples au plus, pêche au lancer exceptée ;

- prendre la carte « jeune », ce qui lui donne les mêmes droits qu'à celui qui a acquitté la taxe complète. C'est-à-dire qu'il pourra pratiquer tous les types de pêche autorisés (lancer, mouche, vif, écrevisses, etc.), en première comme en seconde catégorie.

Pour pouvoir bénéficier de la carte « jeune », il faut être âgé de moins de 16 ans au 1er janvier de l'année considérée. Ainsi, les pêcheurs qui accèdent à l'âge de 16 ans en cours d'année peuvent bénéficier des avantages de la carte « jeune », cela même s'ils achètent celle-ci après la date anniversaire de leurs 16 ans.

Certaines fédérations ont conclu — intelligemment — des accords de réciprocité gratuits (voir 68) pour les titulaires de la carte « jeune ». Ce qui permet à ces derniers de pêcher dans un certain nombre de départements sans devoir payer de cotisation supplémentaire.

Un certain nombre d'AAPPMA ne délivrent pas de carte « jeune », ou lui fixent un prix prohibitif.

24 - La taxe plan d'eau

Les personnes qui pratiquent la pêche à la ligne dans certaines piscicultures dites « de valorisation touristique » (voir 6) et dont la surface est égale ou supérieure à un hectare doivent acquitter la taxe « plan d'eau ». Le calcul de la surface du plan d'eau, opéré à partir du cadastre notamment, ne doit tenir compte que des bassins destinés à la pêche de loisir et de ceux reliés entre eux, dès lors qu'aucun obstacle ne s'oppose au passage de l'eau.

Pour pêcher dans ces plans d'eau, l'adhésion à une AAPPMA n'est pas obligatoire. Par ailleurs, certaines personnes sont exonérées du paiement de cette taxe, ce sont :

- la personne physique propriétaire du plan d'eau ;
- les membres d'une AAPPMA titulaires d'une carte attestant qu'ils ont déjà acquitté la taxe piscicole ou qu'ils en sont exonérés.

Ne sont pas concernés par la taxe « plan d'eau » les eaux closes (voir 3) et les plans d'eau classés en eaux libres (voir 1) dans lesquels la réglementation de la pêche est applicable.

25 - Le prix de la carte de pêche

Le prix de la carte de pêche dépend de la formule choisie. Il n'existe pas de montant unique pour toute la France, car, si le montant des taxes piscicoles est fixé par décret, celui de la cotisation statutaire est librement déterminé par les associations.

En 1999, les montants des taxes piscicoles sont les suivants :

- taxe réduite : 80 francs ;
- taxe complète : 160 francs ou deux taxes réduites ;
- taxe carte « jeune » : 60 francs ;
- taxe « plan d'eau » : 60 francs ;
- taxe carte pêche à la journée : 20 francs ;
- taxe carte « vacances » : 60 francs ;
- pêcheurs amateurs aux engins et aux filets sur les eaux du domaine public, compagnons des pêcheurs professionnels : 160 francs ;
- pêcheurs amateurs de civelles : taxe supplémentaire de 250 francs ;
- taxe truite de mer : 100 francs ;
- marque saumon : 100 francs.

Les pêcheurs appartenant à plusieurs des catégories citées ci-dessus ne sont assujettis que pour le montant de la taxe dont le taux est le plus élevé. Ainsi, lorsque l'on acquitte la taxe complète, il est possible de pêcher non seulement au lancer, à la mouche, etc., mais également au coup, ceci en première comme en seconde catégorie. En revanche et en l'état actuel de la législation, l'acheteur d'une carte « vacances » ou d'une carte journalière devra acquitter la taxe piscicole correspondant, ceci même s'il l'a déjà acquittée à un autre titre.

En 1998, selon les estimations de l'Union nationale des fédérations départementales de pêche et de protection du milieu aquatique, il en coûtait en moyenne pour pêcher, et selon les départements (cotisation statutaire + taxe piscicole) :

- carte complète : entre 300 et 400 francs ;
- carte dite « réduite » : environ 250 francs ;
- carte « jeune » : 150 francs ;
- carte « vacances » : 150 francs ;
- carte journalière : environ 40 francs.

À ces montants peuvent venir s'ajouter les taxes dues pour pratiquer des pêches particulières (truites de mer, civelles...) ou au titre de la réciprocité (voir 66 et suivants).

Prix de la carte de pêche selon la formule choisie

Type de carte	Taxe piscicole	Cotisation statutaire (1)	Observations
Carte réduite	80 F	170 F	Différents suppléments peuvent venir s'ajouter et notamment au titre de la réciprocité ou pour certaines pêches : saumons, truites de mer, civelles...
Carte complète	160 F	240 F	
Carte jeune (moins de 16 ans)	60 F	90 F	
Carte vacances	60 F	90 F	Durée limitée.
Carte journalière	15 F	25 F	
Taxe plan d'eau	60 F	—	Uniquement valable pour les plans d'eau.
Personnes exonérées de la taxe piscicole	—	(2)	Ne donne le droit de pêcher qu'à l'aide d'une seule ligne équipée de deux hameçons au plus.

(1) Prix moyens relevés par l'Union nationale des fédérations départementales de pêche et de protection du milieu aquatique.
(2) Au plus égale à la moitié de la cotisation statutaire annuelle.

26 - Personnes exonérées de la taxe piscicole

Certaines personnes sont exonérées du paiement de la taxe piscicole. Ce sont :

- les titulaires de la carte d'économiquement faible ;
- les conjoints des personnes qui acquittent la taxe piscicole ;
- les grands invalides de guerre ou du travail titulaires d'une pension à 85 % et au-dessus ;
- les appelés pendant la durée de leur service militaire ;
- les mineurs jusqu'à l'âge de 16 ans.

Cette liste doit être interprétée strictement. Ainsi :

- bien que la carte d'économiquement faible ne soit plus délivrée, le bénéfice de l'exemption n'a pas été étendu aux allocataires de l'allocation supplémentaire du fonds national de solidarité (FNS), et pas davantage aux bénéficiaires du revenu minimum d'insertion (RMI) ou d'une allocation chômage ;
- aucune dispense n'est prévue pour les militaires de carrière ou les grands invalides civils.

Les personnes exonérées du paiement de la taxe piscicole ne peuvent pêcher au lancer, mais uniquement à l'aide d'une seule ligne, équipée de deux hameçons simples au plus. En outre, elles doivent adhérer à une

AAPPMA, ceci gratuitement ou moyennant le paiement d'une cotisation à taux réduit. Dans ce dernier cas, son taux est au plus égal à la moitié du montant de la cotisation statutaire annuelle. Par exemple, les tarifs pratiqués en 1998 par la fédération de Loire-Atlantique pour la pêche et la protection du milieu aquatique étaient les suivants :

- grands invalides de guerre ou du travail pensionnés à 85 % et au-dessus, et jeunes de moins de 12 ans : 5 francs ;
- jeunes de 12 à 16 ans, appelés pendant la durée de leur service militaire, conjoints des sociétaires : 30 francs.

L'adhésion des personnes exonérées de la taxe piscicole ne leur confère pas la qualité de membre actif de cette association et elles ne sont pas admises à voter lors des assemblées générales.

27 - Adhésions multiples

À l'exception des cartes « vacances » et journalière, les cotisations sont dues pour l'année entière, qui commence le 1er janvier, et doivent être intégralement payées, quelle que soit l'époque de l'inscription. Il peut être demandé une cotisation complémentaire à ceux qui pêchent en bateau.
Les pêcheurs qui adhèrent simultanément à plusieurs AAPPMA ne paient qu'une seule taxe piscicole, celle dont le montant est le plus élevé. Les cartes qui leur sont délivrées doivent faire mention du numéro de celle sur laquelle a été apposé le timbre-vignette attestant le paiement de la taxe piscicole. Il est également fait mention de l'association qui l'a délivré et du département où est située cette dernière.
En cas d'adhésions multiples, le timbre fédéral apposé sur la carte peut être acquitté plusieurs fois par le pêcheur. En effet, il ne s'agit pas d'une taxe supplémentaire. Ce timbre concrétise seulement la part de la cotisation payée par l'association à la fédération des pêcheurs.

28 - Où acheter la carte de pêche ?

On peut se procurer la carte de pêche auprès des associations ou chez les dépositaires agréés, généralement des marchands d'articles de pêche. Professionnels compétents, ces derniers possèdent en outre généralement une bonne connaissance des règles applicables dans la région. Certaines cartes (« jeune », « vacances », journalière) ne sont pas disponibles dans tous les départements. En effet, leur vente est laissée à l'initiative des fédérations et des associations. La vente de la carte, c'est-à-dire l'adhésion à une AAPPMA, peut être refusée à toute personne ayant porté préjudice à l'association ou ayant subi une condamnation pour infraction à la législation et à la réglementation de la pêche. En cas de contestation, le litige doit être soumis à la fédération des pêcheurs. Enfin, depuis le 1er janvier 1999, la photographie du pêcheur doit figurer obligatoirement sur la carte.

29 - Perte de la carte

En cas de perte de la carte de pêche, il est possible d'en demander un duplicata sans devoir payer une seconde fois la cotisation statutaire. En revanche, il faudra acquitter à nouveau la taxe piscicole.
Rappelons à cette occasion qu'une photocopie de la carte, même certifiée exacte, n'a pas de valeur légale. Elle expose donc son porteur aux sanctions prévues pour non-présentation de la carte.

30 - Obligation de présentation de la carte

Selon le décret du 11 mars 1998, « est puni de l'amende prévue pour les contraventions de première classe le fait de pêcher sans être porteur du document justifiant de sa qualité de membre d'une association agréée et du paiement de la taxe piscicole, et valable pour le temps, le lieu et le mode de pêche pratiqué ». Lorsqu'il est en action de pêche et sauf à prendre le risque de payer une amende de 250 francs, le pêcheur doit donc toujours porter sur lui ce précieux document.

Possibilités de pêche selon la carte choisie

	1re catégorie	2e catégorie	Pêche au lancer (1)	Pêche au coup	Carpe de nuit	Écrevisse	Délai de validité	Plan d'eau
Carte réduite	Non	Oui	Non	Oui	Non	Non	Toute l'année	Oui
Carte complète (ou deux taxes réduites)	Oui	Oui	Oui	Oui	Oui	Oui	Toute l'année	Oui
Carte jeune	Oui	Oui	Oui	Oui	Oui	Oui	Toute l'année	Oui
Carte vacances	Oui	Oui	Oui	Oui	Oui	Oui	Quinze jours	Oui
Carte journalière	Non	Oui (3)	(5)	(5)	(5)	(5)	Une journée	–
Exonérés de la taxe piscicole	Oui	Oui	Non	Oui (2)	Non	Non	Toute l'année	Oui
Taxe plan d'eau	Non	Non	(4)	(4)	(4)	(4)	Toute l'année	Oui

(1) Et aussi pêche à la mouche artificielle, au vif, au poisson mort ou artificiel, etc.
(2) À l'aide d'une ligne seulement, équipée de deux hameçons au plus.
(3) Et dans les plans d'eau de première et seconde catégorie.
(4) Tous les modes de pêche autorisés par le propriétaire.
(5) S'informer localement.

Quand pêcher ?

Des périodes d'interdiction de la pêche sont prévues pour favoriser la reproduction des poissons. Elles peuvent ne concerner que certaines espèces (le brochet, par exemple), on parle alors de fermeture spécifique ; ou une catégorie piscicole, il s'agit alors de fermeture générale.
Par ailleurs, dans certaines circonstances (abaissement important du niveau des eaux), l'exercice de la pêche peut être momentanément suspendu.
Enfin, sauf cas dûment répertoriés, la pêche de nuit est interdite.

31 - Cours d'eau et plans d'eau de première catégorie

À l'exception de la pêche de l'ombre commun, qui est autorisée du 3e samedi de mai au 3e dimanche de septembre inclus, la pêche dans les eaux de première catégorie est autorisée :

- du 4e samedi de mars au 1er dimanche d'octobre inclus, dans les départements suivants : Aisne, Essonne, Eure, Hauts-de-Seine, Marne, Nord, Oise, Paris, Pas-de-Calais, Seine-Maritime, Seine-et-Marne, Seine-Saint-Denis, Somme, Val-de-Marne, Val-d'Oise et Yvelines ;
- du 2e samedi de mars au 3e dimanche de septembre inclus, dans les autres départements.

32 - Cours d'eau et plans d'eau de montagne

La période d'ouverture précisée au paragraphe 31 peut être prolongée de 1 à 3 semaines par décision préfectorale pour les plans d'eau et les parties de cours d'eau ou les cours d'eau de montagne.
Selon l'administration, peuvent être considérés comme « cours d'eau de montagne » ceux qui présentent une forte pente et qui se caractérisent par « un débit irrégulier dépendant des précipitations et des fontes de neige, les étiages dus au froid hivernal ou à la sécheresse estivale pouvant alterner avec des crues secondaires ».

33 - Cours d'eau et plans d'eau de seconde catégorie

Dans les eaux de seconde catégorie, la pêche est autorisée toute l'année, à l'exception de celle :

- du brochet, qui est autorisée du 1er janvier au dernier dimanche de janvier et du 3e samedi d'avril au 31 décembre inclus ; dans certaines conditions, la date d'ouverture peut être reculée de 1 à 4 semaines par arrêté préfectoral ;
- de l'ombre commun, qui est autorisée du 3e samedi de mai au 31 décembre inclus ;
- de la truite fario, de l'omble ou saumon de fontaine, de l'omble chevalier et du cristivomer, qui n'est autorisée que pendant le temps d'ouverture de la pêche en première catégorie ;
- de la truite arc-en-ciel dans les cours d'eau ou parties de cours d'eau

classés « à saumon » ou « à truite de mer », qui n'est autorisée que pendant le temps d'ouverture dans les eaux de la première catégorie ; dans les autres eaux de la seconde catégorie piscicole, la pêche de la truite arc-en-ciel est en principe autorisée toute l'année.

34 - La pêche aux écrevisses

La pêche des écrevisses à pattes rouges (*Astacus astacus*), des torrents (*Astacus torrentium*), à pattes blanches (*Austropotamobius pallipes*) et à pattes grêles (*Astacus leptodactylus*) est autorisée pendant une période de 10 jours consécutifs commençant le 4e samedi de juillet.
La pêche des autres espèces, et notamment de l'écrevisse américaine, peut être pratiquée pendant les périodes d'ouverture générale en première et deuxième catégories.

35 - La pêche à la grenouille

La pêche de la grenouille verte et de la grenouille rousse est autorisée pendant une période maximale de 10 mois, fixée par le préfet. En revanche, est interdite la pêche des autres espèces autochtones protégées : grenouille des champs, grenouille agile, grenouille de Perez, grenouille rieuse, grenouille ibérique et grenouille de Lessona.
La pêche des autres espèces de grenouilles peut être pratiquée pendant les périodes d'ouverture générale en première et deuxième catégories.

36 - Quelles sont les heures légales ?

Selon l'article R. 236-18 du Code rural, « la pêche ne peut s'exercer plus d'une demi-heure avant le lever du soleil, ni plus d'une demi-heure après son coucher ». Mais de quelle heure s'agit-il ? Dans le passé, la jurisprudence se référait à l'heure légale, telle qu'elle est indiquée, notamment, dans le calendrier des postes. Or cela aboutissait à des aberrations. En effet, selon que l'on habite à l'est ou à l'ouest du pays, les heures effectives du lever et du coucher du soleil ne sont pas les mêmes : quand il fait jour à Strasbourg, il peut encore faire nuit à Brest.
C'est pourquoi aujourd'hui on se fonde plutôt sur les heures réelles de lever

et de coucher du soleil, ceci en fonction de la luminosité. En général, les gardes-pêche appliquent ces dispositions avec pragmatisme et une certaine souplesse envers les pêcheurs de bonne foi. Attention donc à ceux qui seraient tentés de confondre clair de lune et soleil levant ou couchant !

37 - Les pêches de nuit autorisées

Le préfet peut, par arrêté, autoriser la pêche :

- de la truite de mer depuis une demi-heure avant le lever du soleil jusqu'à deux heures après son coucher dans les cours d'eau classés « à truite de mer » ;
- des aloses, du flet, des lamproies et du mulet depuis deux heures avant le lever du soleil jusqu'à deux heures après son coucher, dans le domaine public et dans les parties non salées des cours d'eau et canaux non domaniaux affluant à la mer ;
- de l'anguille à toute heure ; cependant, la pêche de la civelle est interdite chaque semaine du samedi 18 heures au lundi 6 heures ;
- des aloses et des lamproies à toute heure dans les parties non salées des cours d'eau et canaux non domaniaux affluant à la mer ;
- de la carpe à toute heure ; dans ce dernier cas, le préfet détermine d'une part les parties des cours d'eau ou les plans d'eau de deuxième catégorie ouverts à la pêche de nuit et d'autre part la ou les périodes de l'année pendant lesquelles cette pêche peut être pratiquée ; rappelons également que pour pratiquer la pêche à la carpe de nuit, il faut acquitter la taxe piscicole au taux normal (ou deux taxes réduites).

38 - Baisse du niveau des eaux

Il est interdit de pêcher dans les parties de cours d'eau, canaux ou plans d'eau dont le niveau est abaissé artificiellement soit dans le but d'y opérer des curages ou des travaux quelconques, soit en raison du chômage des usines ou de la navigation, soit à la suite d'accidents sur les ouvrages de retenue.

Toutefois, ces dispositions ne s'appliquent pas aux cas d'abaissement laissant subsister dans un cours d'eau, un canal ou une retenue à vocation saisonnière, une hauteur d'eau garantissant la vie et la circulation du poisson. En cas de doute et compte tenu des possibilités d'interprétation de ces dispositions, il est recommandé de se renseigner sur place auprès de l'AAPPMA locale, de la fédération ou de la préfecture.

39 - La pêche aux engins

À l'exception des professionnels, les autres pêcheurs ne peuvent placer, manœuvrer ou relever leurs filets et engins que pendant les heures où la pêche est autorisée (voir 36). Par ailleurs, les filets et engins de toute nature doivent être retirés de l'eau du samedi 18 heures au lundi 6 heures, à l'exception toutefois des bosselles à anguilles, des nasses et des verveux, des carrelets, des couls, des lignes de fond, des éperviers et des balances à écrevisses ou à crevettes.
Pendant le même temps, les engins actionnés par courant d'eau ou par un dispositif mécanique quelconque doivent être arrêtés. Les dispositifs accessoires formant obstacle à la libre circulation du poisson ou contrariant le courant doivent être levés. En outre, les nasses et verveux, bosselles à anguilles et nasses anguillères exceptées, ne peuvent être ni placés, ni manœuvrés, ni relevés.
Sur les cours d'eau et parties de cours d'eau classés comme cours d'eau à saumon, le ministre de la Pêche peut porter à 60 heures la durée de relève hebdomadaire pendant la période de remontée des migrateurs. Dans la zone comprise entre la limite de salure des eaux et la limite transversale de la mer est prévue une relève des filets et engins permettant la pêche des poissons migrateurs pendant une période de 24 heures par décade.
Pour la civelle, la période de relève des engins et des filets est fixée à 36 heures par semaine.

Périodes d'ouverture de la pêche en 1re catégorie

	Espèces concernées	Dispositions nationales	Possibilités de dérogation locale
Périodes d'ouverture générale	Toutes espèces, sauf grenouille (1) et écrevisse (2).	Pêche autorisée : – du 4e samedi de mars au 1er dimanche d'octobre inclus, dans les départements suivants : Aisne, Essonne, Eure, Hauts-de-Seine, Marne, Nord, Oise, Paris, Pas-de-Calais, Seine-Maritime, Seine-et-Marne, Seine-Saint-Denis, Somme, Val-de-Marne, Val-d'Oise, Yvelines ; – du 2e samedi de mars au 3e dimanche de septembre inclus dans les autres départements.	Prolongation possible de 1 à 3 semaines.
Périodes d'ouverture spécifique	Ombre commun.	Pêche autorisée du 3e samedi de mai au 3e dimanche de septembre inclus.	Prolongation possible de 1 à 3 semaines.
Amphihalins	Saumon, truite de mer, alose, lamproie, anguille.	Plan de gestion des poissons migrateurs (par bassin).	Réglementation édictée par les préfets de département.

(1) La pêche de la grenouille verte et de la grenouille rousse est autorisée pendant une période maximale de 10 mois, fixée par le préfet. La pêche des autres espèces (à l'exception de celles qui sont protégées) peut être pratiquée pendant la période d'ouverture générale en 1re et 2e catégories.
(2) La pêche des écrevisses à pattes rouges, à pattes blanches, à pattes grêles et de celles des torrents est autorisée pendant une période de 10 jours consécutifs commençant le 4e samedi de juillet. La pêche des autres espèces d'écrevisses peut être pratiquée pendant les périodes d'ouverture générale en 1re et 2e catégories.

Périodes d'ouverture de la pêche en 2e catégorie

	Espèces concernées	Dispositions nationales	Possibilités de dérogation locale
Périodes d'ouverture générale	Toutes espèces, sauf celles qui sont mentionnées ci-dessous et les grenouilles (1) et écrevisses (2). Truite arc-en-ciel dans les eaux non classées à saumon ou à truite de mer.	Pêche autorisée toute l'année.	
Périodes d'ouverture spécifique	Brochet.	Pêche autorisée du 1er janvier au dernier dimanche de janvier et du 3e samedi d'avril au 31 décembre inclus.	Réduction possible de 1 à 4 semaines.
	Ombre commun.	Pêche autorisée du 3e samedi de mai au 31 décembre inclus.	
	Truite fario, omble ou saumon de fontaine, omble chevalier, cristivomer.	Pêche autorisée durant le temps d'ouverture dans les eaux de la 1re catégorie.	
	Truite arc-en-ciel dans les eaux classées à saumon ou à truite de mer.	Pêche autorisée durant le temps d'ouverture dans les eaux de la 1re catégorie.	

(1) La pêche de la grenouille verte et de la grenouille rousse est autorisée pendant une période maximale de 10 mois, fixée par le préfet. La pêche des autres espèces (à l'exception de celles qui sont protégées) peut être pratiquée pendant les périodes d'ouverture générale en 1re et 2e catégories.
(2) La pêche des écrevisses à pattes rouges, à pattes blanches, à pattes grêles et de celles des torrents est autorisée pendant une période de 10 jours consécutifs, commençant le 4e samedi de juillet. La pêche des autres espèces peut être pratiquée pendant les périodes d'ouverture générale en 1re et 2e catégories.

Tailles réglementaires et quotas de pêche

On ne peut pêcher certaines espèces de poissons que lorsqu'ils ont atteint une taille réglementaire de capture. Mais cette dernière peut parfois faire l'objet de dérogations, notamment en fonction de critères locaux. Par ailleurs, il a été institué des quotas journaliers de capture pour certaines espèces.

40 - Les tailles minimales de capture

Les poissons et écrevisses des espèces ci-après ne peuvent être pêchés, et doivent être remis à l'eau immédiatement après leur capture (morts ou vifs et quel que soit leur état), si leur longueur est inférieure à :

- esturgeon : 1,80 m (ce poisson est par ailleurs strictement protégé et sa pêche est prohibée) ;
- huchon : 0,70 m ;
- brochet : 0,50 m dans les eaux de deuxième catégorie (voir 41) ;
- sandre : 0,40 m dans les eaux de deuxième catégorie (voir 41) ;
- cristivomer : 0,35 m ;
- ombre commun et corégone : 0,35 m ;
- lamproie fluviatile : 0,20 m, lamproie marine : 0,40 m ;
- truites autres que la truite de mer, omble ou saumon de fontaine, omble chevalier : 0,23 m (voir 42) ;
- black-bass : 0,23 m dans les eaux de deuxième catégorie (voir 41) ;
- mulet : 0,20 m ;
- écrevisses : 0,09 m pour les seules espèces protégées (voir 34).

La longueur des poissons doit être mesurée du bout du museau à l'extrémité de la queue déployée ; celle des écrevisses, de la pointe de la tête, pinces et antennes non comprises, à l'extrémité de la queue déployée.

Les espèces non mentionnées dans la liste ci-dessus peuvent être librement pêchées, sans avoir à se préoccuper de leur taille. Pour les autres, la prohibition s'applique quel que soit le propriétaire du droit de pêche (État, collectivités locales, établissements publics, particuliers), et le procédé de pêche employé : lignes flottantes, engins, etc.

Sont interdits, non seulement la pêche des poissons et écrevisses n'atteignant pas la taille réglementaire de capture, mais également leur transport et leur vente.

41 - Brochet, sandre et black-bass en première catégorie

La taille réglementaire de capture des poissons appartenant aux espèces carnassières, brochet, sandre, black-bass, n'est applicable qu'en seconde catégorie. Peu importe qu'elles appartiennent ou non au domaine public. Étant considérés comme nuisibles en première catégorie, ces poissons doivent être conservés par le pêcheur et non rejetés à l'eau, ceci quelle que soit leur taille.

42 - Possibilités de dérogation

Dans certains cours d'eau, le préfet peut porter à 0,25 m ou réduire à 0,20 ou 0,18 m la taille minimale de capture de l'omble ou saumon de fontaine, de l'omble chevalier et des truites autres que la truite de mer ; ceci en fonction des caractéristiques de développement des poissons de ces espèces.
Dans les eaux de seconde catégorie, il peut également lever l'interdiction de pêcher la truite arc-en-ciel d'une longueur inférieure au minimum prévu au 40.
Enfin, en cas d'épidémie ou de risque d'épidémie, le préfet peut lever temporairement l'interdiction de pêcher certaines espèces de poissons dont la longueur est inférieure à la taille légale de capture ; ceci dans l'ensemble du département ou seulement dans certains cours d'eau, canaux et plans d'eau.

43 - Quotas de capture pour les salmonidés

Le nombre de captures autorisées de salmonidés autres que le saumon et éventuellement la truite de mer est fixé à 10 par pêcheur et par jour.
Les espèces de poissons concernées par ces quotas sont donc les suivantes : toutes les espèces de truites, le huchon, l'omble chevalier, l'omble de fontaine, le cristivomer, l'ombre commun, les corégones.
En outre, le préfet peut, dans certaines conditions, diminuer le nombre de captures autorisées.
Est puni d'une amende de 3 000 francs au plus, le fait de pêcher ou de transporter des poissons provenant des eaux libres dont le nombre excède celui du quota autorisé (10 ou moins sur décision du préfet).
La pêche du saumon, de la truite de mer et des autres espèces migratrices est soumise à des conditions particulières (voir 89 et suivants).

44 - No kill

Sur certains parcours de cours d'eau ou plans d'eau, il est interdit de conserver certaines espèces de poissons. Après avoir été pêchées, elles doivent être impérativement remises à l'eau avec toutes les précautions qui s'imposent. C'est ce que l'on nomme le *no kill* (littéralement, en anglais, « ne pas tuer »). Les parcours où se pratique le *no kill* sont désignés par arrêté préfectoral. Cette pratique concerne souvent les salmonidés et la pêche à la carpe de nuit.

Procédés et modes de pêche autorisés

Les procédés et modes de pêche utilisés par les membres des associations agréées de pêche et de pisciculture sont réglementés. Le nombre de cannes, balances, filets et autres engins susceptibles d'être utilisés par les pêcheurs est déterminé notamment par :

- *la catégorie piscicole des eaux et selon qu'elles soient domaniales ou privées ;*
- *éventuellement, au plan local, des dispositions ministérielles ou préfectorales ;*
- *le type de carte de pêche choisi ;*
- *le type d'association à laquelle adhère le pêcheur et selon qu'il s'agisse d'une association de pêche et de protection du milieu aquatique (AAPPMA) ou d'une association départementale agréée de pêcheurs professionnels ou amateurs aux engins et filets.*

45 - La pêche aux lignes des membres des AAPPMA

Les membres des associations de pêche et de pisciculture peuvent pêcher au moyen :

- de 4 lignes au plus (ce chiffre est souvent ramené à 3 par le préfet) dans les eaux de seconde catégorie ;
- de 2 lignes au plus dans les eaux domaniales de première catégorie, ainsi que dans les plans d'eau de première catégorie désignés par le préfet ;
- de 1 ligne dans les eaux de première catégorie non domaniales.

Les lignes doivent être montées sur des cannes et munies de 2 hameçons au maximum ou de 3 mouches artificielles au plus. Elles doivent être disposées à proximité du pêcheur.

Dans les eaux et plans d'eau de deuxième catégorie, le propriétaire riverain, détenteur du droit de pêche, a la possibilité de limiter le nombre de lignes utilisables en deçà des possibilités offertes par l'arrêté préfectoral.

46 - Pêche aux engins et filets des membres des AAPPMA

Outre un certain nombre de lignes, les membres des AAPPMA peuvent utiliser également divers engins et filets, et en particulier :

- la vermée [1] pour l'anguille et 6 balances au plus destinées à la capture des écrevisses et des crevettes ;
- dans les eaux de deuxième catégorie, une carafe ou une bouteille, destinée à la capture des vairons et autres poissons servant de vifs ; sa contenance ne peut être supérieure à 2 litres ; le préfet peut autoriser ce moyen de pêche dans les eaux de première catégorie ;
- dans les plans d'eau de deuxième catégorie, et par autorisation préfectorale, des fagots, fascines et nasses pour la pêche à l'écrevisse américaine.

Les membres des AAPPMA peuvent également, dans les eaux non domaniales de deuxième catégorie désignées par le ministre chargé de la pêche en eau douce [2], utiliser des engins et filets, dont la nature, les dimensions et le nombre sont fixés par le préfet.

1. *Voir note 1 page 24.*
2. *Voir Carnet pratique pages 127-129.*

En outre, dans les eaux de deuxième catégorie qu'il désigne, le préfet peut aussi autoriser l'emploi d'un carrelet de 1 m^2 de superficie au plus et de lignes de fond munies pour l'ensemble de 18 hameçons au plus.

47 - Pêcheurs amateurs aux engins et aux filets

Dans les eaux de la seconde catégorie, les membres des associations départementales agréées de pêcheurs amateurs aux engins et aux filets sur les eaux du domaine public peuvent pêcher au moyen d'engins, de filets et de lignes dont la nature, les dimensions et le nombre sont définis dans le cadre de la location du droit de pêche de l'État.
Seuls peuvent être autorisés :

- plusieurs filets de type araignée ou tramail, d'une longueur cumulée maximale de 60 mètres, ou un carrelet de 25 m^2 de superficie au maximum, ou un filet de type coulette, dont l'écartement des branches est inférieur ou égal à 3 mètres, ou un filet de type coul de 1,50 m de diamètre au maximum ;
- 1 épervier ;
- 3 nasses ;
- 6 bosselles à anguilles ou 6 asses de type anguillère, à écrevisses ou à lamproies ;
- 6 balances à écrevisses ou à crevettes ;
- des lignes de fond munies pour l'ensemble du dispositif d'un maximum de 18 hameçons ;
- 3 lignes de traîne munies au plus de 2 hameçons chacune ;
- 1 tamis à civelles d'un diamètre et d'une profondeur inférieurs à 0,50 m ;
- 4 lignes montées sur cannes et munies chacune de 2 hameçons au plus ou de 3 mouches artificielles au plus.

48 - Caractéristiques des filets et engins

Seuls sont autorisés les filets, nasses, bosselles à anguilles et autres engins utilisés pour la pêche des poissons et des écrevisses dont les mailles ou espacements des verges sont carrés, rectangulaires, losangiques ou hexagonaux.

Les dimensions des mailles et l'espacement minimal des verges sont fixés ainsi qu'il suit (côté des mailles carrées ou losangiques, ou petit côté des mailles rectangulaires, ou quart du périmètre des mailles hexagonales, ou espacement des verges) :

- pour le saumon, la truite de mer : 40 millimètres ;
- pour l'anguille, le goujon, la loche, le vairon, la vandoise, l'ablette, les lamproies, le gardon, le chevesne, le hotu, le grémille et la brème ainsi que les espèces susceptibles de provoquer des déséquilibres biologiques (perche soleil, poisson-chat) : 10 millimètres ;
- pour les autres espèces non citées plus haut : 27 millimètres.

Les balances à écrevisses ou à crevettes peuvent être indifféremment rondes, carrées ou losangiques ; leur diamètre ou leur diagonale ne doit pas dépasser 0,30 m.

Le diamètre de l'orifice d'entrée dans la dernière chambre de capture des bosselles ou des nasses à anguilles ne doit pas excéder 40 millimètres.

49 - Dispositions spéciales pour la crevette et l'anguille

Pour la pêche de la crevette dans les eaux saumâtres, le préfet peut autoriser l'emploi d'engins comportant des mailles ou des espacements de 5 millimètres.

Il peut également, à titre exceptionnel, compte tenu des usages locaux, délivrer des autorisations nominatives de pêche à l'anguille d'avalaison dans les eaux de la deuxième catégorie, au moyen d'engins de type braie ou nasse, et accorder pour cette pêche des dérogations à l'obligation de relève hebdomadaire. Il fixe à cet effet le nombre des engins autorisés ainsi que les emplacements, les périodes et les heures où ils sont autorisés, pour une durée qui ne peut excéder 5 ans.

Pour les pêcheurs non professionnels, ces autorisations ne peuvent être délivrées que pour une période comprise entre le 1er octobre et le 31 décembre.

50 - Précautions d'emploi des engins, lignes et filets

Les filets et engins de toute nature, fixes ou mobiles, lignes de fond comprises, ne peuvent occuper, dans les emplacements où ils sont utilisés, plus des deux tiers de la largeur mouillée des cours d'eau ou du plan d'eau.

Ils ne peuvent, à l'exception des lignes dormantes, être employés simulta-

nément sur la même rive, ou sur deux rives opposées, même par des pêcheurs différents, que s'ils sont séparés par une distance égale à trois fois au moins la longueur du plus long de ces filets ou engins.
La longueur des filets mobiles, et notamment des araignées, mesurés à terre et développés en ligne droite, ne peut dépasser les deux tiers de la largeur mouillée des cours d'eau ; toutefois, le préfet peut porter cette longueur aux quatre cinquièmes de la largeur mouillée du cours d'eau lorsque l'irrégularité des courants est de nature à entraver notablement l'exercice normal de la pêche.
Lorsqu'il existe un chenal naturel, la largeur de celui-ci est substituée à la largeur mouillée du cours d'eau pour l'application des dispositions précédentes.
Dans le domaine public, le jalonnement des filets est réglementé par le cahier des charges pour l'exploitation de la pêche aux engins et filets. Les engins ou filets utilisés doivent être identifiés par une plaque en métal inaltérable sertie ou rivée et comportant, selon les cas, le numéro de la licence et une lettre d'identification ou le nom du locataire.
En outre, en vue de son signalement à la navigation, tout filet utilisé doit être rendu apparent à son extrémité par une bouée reliée à son montant.
Dans les eaux non domaniales, la partie supérieure des filets doit être apparente au-dessus de l'eau, tendue ou jalonnée sur toute la longueur d'une manière visible.

51 - Contrôle des filets et engins

La vérification des dimensions des mailles des filets, des espacements des verges et des ouvertures des nasses et bosselles ne doit être faite que sur des engins préalablement mouillés par séjour dans l'eau. Les longueurs moyennes doivent être calculées à partir de mesures effectuées selon des dispositions réglementaires variant selon le type de filet (mailles carrées, losangiques, rectangulaires ou hexagonales).
Les contrôles sont réalisés à l'aide d'un instrument de mesure gradué en millimètres sur plusieurs mailles en bon état. Les longueurs relevées ne doivent pas être inférieures de plus de 10 % aux minima autorisés pour les dimensions des mailles, ouvertures et espacements des verges.

Procédés et modes de pêche autorisés aux membres des AAPPMA

LIGNES	
Nombre de lignes	**Eaux concernées**
4 lignes (1) au plus.	Eaux de 2e catégorie.
2 lignes au plus.	Eaux domaniales de 1re catégorie et plans d'eau de 1re catégorie désignés par le préfet.
1 ligne au plus.	Eaux non domaniales de 1re catégorie.
ENGINS ET FILETS	
Types	**Eaux concernées**
Vermée et six balances au plus destinées à la capture des écrevisses et des crevettes.	Toutes eaux.
Carafes ou bouteilles destinées à la capture des vairons ou autres poissons servant de vifs (contenance égale ou inférieure à 2 litres).	Eaux de 2e catégorie. Eaux de 1re catégorie sur autorisation préfectorale.
Engins et filets (voir 46) dont le nombre, la nature et les dimensions sont fixés par le préfet.	Eaux non domaniales de 2e catégorie désignées par le ministre.
Carrelet de 1m² de superficie au plus et lignes de fond munies pour l'ensemble de 18 hameçons au plus.	Cours d'eau et plans d'eau de 2e catégorie désignés par le préfet.

(1) Ce nombre est souvent ramené à 3 par arrêté préfectoral ; le propriétaire riverain qui a conservé son droit de pêche peut également le limiter en deçà des possibilités offertes par cet arrêté.

Procédés et modes de pêche réglementés ou interdits

Dans le but de protéger le poisson comme l'intégrité des berges et des rives, certains procédés et modes de pêche sont prohibés ou réglementés. Les interdictions peuvent découler de dispositions nationales ou locales. Il peut arriver qu'un cours d'eau ou un plan d'eau soit à la jonction de plusieurs départements ; en tel cas et à défaut d'accord entre les préfets, ce sont les dispositions les moins restrictives qui s'appliquent.

52 - Procédés interdits

Il est interdit en vue de la capture du poisson :

- de pêcher à la main ou sous la glace, ou en troublant l'eau, ou en fouillant sous les racines et autres retraites fréquentées par le poisson ; toutefois, pour la pêche à la ligne du goujon, le pilonnage effectué par le pêcheur lui-même est autorisé ;
- d'employer tous procédés ou de faire usage de tous engins destinés à accrocher le poisson autrement que par la bouche ; cependant est autorisé, pour retirer de l'eau le poisson déjà ferré, l'emploi de l'épuisette et de la gaffe ; dans les cours d'eau et parties de cours d'eau classés comme « cours d'eau à saumon », le préfet peut interdire l'usage de la gaffe ;
- de se servir d'armes à feu, de matériel de plongée subaquatique, de fagots (sauf pour la pêche de l'anguille et des écrevisses américaines, voir 46), de lacets ou de collets, de lumière et de feux (sauf pour la pêche de la civelle) ;
- de pêcher à l'aide d'un trimmer[1] ou d'un engin similaire ;
- de placer un barrage, appareil ou établissement quelconque de pêcherie ayant pour objet d'empêcher entièrement le passage du poisson ou de le retenir captif ; cette disposition est applicable dans toutes les eaux assujetties à la réglementation sur la pêche, quelle que soit l'importance de leur débit ;
- de jeter des drogues et appâts en vue d'enivrer ou de détruire le poisson, ou d'utiliser dans le même but des explosifs, des procédés d'électrocution ou des moyens non autorisés.

Sont considérés comme des moyens et produits non autorisés le déversement de substances chimiques dans un cours d'eau ou la modification de son régime hydraulique en vue de la capture ou de la destruction du poisson.

53 - Pêche à la traîne interdite aux membres des AAPPMA

Il est interdit aux membres des AAPPMA de pêcher à la traîne. Seuls les pêcheurs professionnels et les membres des associations de pêcheurs amateurs aux engins et filets peuvent utiliser ce mode de pêche.

1. Engin de pêche appelé aussi « toupie » et destiné à la pêche des carnassiers ; il est constitué par un gros flotteur plat circulaire sur la tranche duquel s'enroule le fil.

La jurisprudence définit comme suit la pêche à la traîne : c'est « la mise en mouvement d'une embarcation, mue par une force autre que naturelle, aux fins de traîner un cordeau, une ligne ou un fil, plus ou moins tendu en raison de la vitesse et muni à l'une de ses extrémités d'un vif, d'un poisson mort, d'une cuiller ou d'une hélice, l'autre extrémité étant soit fixée à la barque, soit tenue directement ou par l'intermédiaire d'une canne, par un pêcheur embarqué ou par un passager, de telle sorte que l'appât reste entre deux eaux et soit attractif pour le poisson ».

Ainsi, par exemple :

- celui qui laisserait traîner sa ligne alors que le bateau dérive sous le seul effet du courant ne serait pas en infraction ;
- mais, si le bateau est en mouvement sous l'action des rames ou d'un moteur, il pourrait être sanctionné.

L'interdiction de pêche à la traîne fait parfois l'objet de dérogations préfectorales dans certains grands lacs et lacs de montagne.

54 - L'usage du klonck peut être interdit

Il est interdit, dans les cours d'eau et leurs dérivations, d'établir des appareils, d'effectuer des manœuvres, de battre la surface de l'eau en vue de rassembler le poisson afin d'en faciliter la capture. Sous réserve de l'appréciation des tribunaux, l'usage du *klonck*[2] ne semble pas être visé expressément par ces dispositions. Cependant, comme d'autres modes et procédés de pêche, il peut être interdit par le préfet.

Par ailleurs, le pilonnage est autorisé pour la pêche du goujon (voir 52).

55 - Pêcher en marchant dans l'eau

Il est possible de pêcher en marchant dans l'eau. Cependant, lorsque les caractéristiques locales du milieu aquatique justifient des mesures particulières de protection, le préfet peut l'interdire dans certains cours d'eau.

À défaut d'arrêté préfectoral, le règlement intérieur d'une association peut-il instituer une interdiction de pêche en marchant dans l'eau ? La vocation de ce règlement est de compléter les statuts pour ce qui concerne le

2. Petit appareil dont l'usage est destiné à attirer les silures.

fonctionnement interne de l'AAPPMA (il fixe, par exemple, le montant des cotisations). Elle n'est donc pas de modifier la réglementation nationale et départementale de la pêche ou d'y déroger. Par ailleurs, il faut rappeler que les clauses du règlement intérieur d'une association ne s'imposent qu'aux adhérents de l'AAPPMA qui l'a édicté, à l'exclusion des autres pêcheurs.

56 - Le port du waders

Au même titre, une association peut-elle interdire le port du *waders*? Un tribunal a considéré que le port des bottes-pantalon n'était pas un mode de pêche et qu'en conséquence il ne pouvait être prohibé.
Éventuellement, seul le préfet pourrait prendre une telle mesure, si elle accompagne et conforte une interdiction de pêche en marchant dans l'eau.

57 - L'utilisation de l'échosondeur est réglementée

L'utilisation et même la simple détention simultanée à bord d'un bateau d'un échosondeur et de moyens de pêche est interdite. Ces deux interdictions de principe sont assorties d'une dérogation : elles ne sont pas applicables dans la zone mixte de l'estuaire de la Loire, où les nécessités de la navigation peuvent justifier la détention et l'utilisation des échosondeurs, même pendant la pratique de la pêche.

58 - Interdiction des filets traînants

À l'exception de l'épervier jeté à la main et manœuvré par un seul homme, du tamis, du coul[3], de la coulette[3] et de la senne[3], il est interdit d'utiliser les filets traînants. Cette disposition concerne ceux qui sont entraînés dans l'eau sous l'action d'une force quelconque autre que l'action directe du courant. Il est interdit également de pêcher aux engins et filets dans les zones inondées. Cette interdiction s'applique à tous les pêcheurs, et en particulier aux propriétaires des fonds momentanément inondés et détenteurs du droit de pêche (voir 15).

3. *Type de filet.*

59 - La taille des hameçons est réglementée

Il est interdit d'utiliser des hameçons à plus de 2 branches dont la distance entre extrémités des pointes est supérieure à 20 millimètres.
Pour le contrôle des dimensions des hameçons à branches multiples, l'agent vérificateur mesure les distances séparant les extrémités des pointes de chaque branche et fait la moyenne des résultats obtenus. La dimension moyenne des écartements ne doit pas être supérieure de plus de 15 % au maximum autorisé, soit 23 millimètres.

60 - Mesures d'interdiction pendant la fermeture de la pêche du brochet

Pendant la période d'interdiction spécifique de la pêche du brochet, la pêche au vif et autres leurres (voir 61), à l'exception de la mouche artificielle, est interdite dans les eaux de seconde catégorie. Cette interdiction ne s'applique pas :

- à la pêche au saumon dans les cours d'eau ou parties de cours d'eau classés comme « cours d'eau à saumon » ;
- à certains cours d'eau, canaux et plans d'eau désignés par arrêté du préfet.

Pendant la période d'interdiction spécifique de la pêche du brochet et sauf pour la pêche d'autres espèces, l'emploi de l'épervier ainsi que des nasses et verveux est interdit dans les eaux classées en seconde catégorie, à l'exception des bosselles à anguilles et des nasses de type anguillère à écrevisses ou à lamproies.

61 - Qu'est-ce qu'un leurre ?

Pendant la période de fermeture spécifique de la pêche du brochet et sauf exception, la pêche avec un leurre est interdite dans les eaux de seconde catégorie. Par leurre, on entend tous les accessoires qui, par leur forme, sont comparables au vif, au poisson mort, au poisson artificiel, par exemple le streamer ou la cuiller.
Sauf dispositions contraires prises par le préfet du département, la pêche au toc, à la dandinette (même avec une balle brillante), à la crevette, au ver

manié, avec un morceau de lard, du maïs ou du chènevis, est notamment autorisée.
Il reste que tout brochet sciemment ou accidentellement capturé pendant cette période doit être remis à l'eau.

62 - Asticots et œufs de poissons

Il est interdit d'employer comme appât ou comme amorce :

- dans tous les cours d'eau et plans d'eau : les œufs de poissons artificiels ou naturels, frais ou de conserve, mélangés ou non à une composition d'appâts ;
- dans les eaux de première catégorie : les asticots et autres larves de diptères ; cette interdiction peut être renforcée ou adoucie par le préfet (voir 64).

63 - Vifs autorisés ou interdits

Il est interdit d'appâter les hameçons, nasses, filets, verveux et tous autres engins avec les espèces de poissons suivantes :

- celles dont il existe une taille minimale de capture, que les poissons soient morts ou vifs ou qu'ils aient ou non atteint cette taille (voir 40) ;
- celles qui sont susceptibles de provoquer des désordres biologiques : perche soleil, poisson-chat ; il est même interdit, sous peine d'amende, de transporter ces poissons vivants sans autorisation (voir la liste complète en annexe) ;
- celles qui ne sont pas représentées dans les eaux soumises à la police de la pêche (voir en annexe la liste complète des espèces qui sont représentées) ;
- celles qui sont protégées, et en particulier : les corégones, le saumon atlantique, les truites, l'omble chevalier, l'ombre commun, le brochet, le barbeau méridional, la vandoise, la bouvière, la loche d'étang, la loche de rivière ; cette interdiction concerne également les crustacés et grenouilles dont l'espèce est protégée (voir la liste complète en annexe).

En revanche, et c'est une question qui revient souvent, sauf règlement particulier, rien n'interdit l'utilisation comme vif du poisson rouge (carassin doré).

Selon le Conseil supérieur de la pêche, les interdictions visées plus haut doivent être interprétées strictement[1], ceci :

- quel que soit le degré de protection de l'espèce considérée ;
- que le spécimen (poisson, crustacé, grenouille) soit vivant ou mort ;
- qu'il soit utilisé dans son intégralité ou par morceaux.

64 - Possibilités de dérogations préfectorales

Lorsque les caractéristiques locales du milieu aquatique justifient des mesures particulières de protection du patrimoine piscicole, le préfet peut, dans tous ou certains cours d'eau et plans d'eau du département :

- prolonger de 1 à 3 semaines la période d'ouverture en première catégorie dans les plans d'eau et les cours d'eau (tout ou partie) de haute montagne ;
- prolonger de 1 à 4 semaines la période de fermeture de la pêche du brochet ;
- interdire la pêche d'une ou de plusieurs espèces de poissons, dans certaines parties de cours d'eau ou de plans d'eau, pendant une durée qu'il détermine ;
- interdire la pêche en marchant dans l'eau ;
- interdire ou limiter l'emploi de certains modes ou procédés de pêche et de certains appâts ou amorces ;
- autoriser l'emploi des asticots comme appât, sans amorçage, dans certains plans d'eau et cours d'eau ou parties de cours d'eau de première catégorie ;
- diminuer le nombre de captures autorisées (voir 43) ;
- interdire la pêche dans les parties de cours d'eau, de canaux ou de plans d'eau dont le niveau est naturellement abaissé en fixant, le cas échéant, les conditions de récupération du poisson.

Ces mesures de protection particulière du patrimoine piscicole sont prises par arrêté préfectoral, après avis des services géographiquement compétents du Conseil supérieur de la pêche.

Enfin, l'organisation de concours de pêche dans les cours d'eau de première catégorie est soumise à l'autorisation préalable du préfet.

1. *L'utilisation de l'écrevisse, quelle que soit son espèce est ainsi interdite.*

65 - Interdiction de commercialiser le poisson

À l'exception des pêcheurs professionnels en eau douce, il est interdit de commercialiser le produit de la pêche. Toute personne qui se livre à cette activité sans avoir la qualité requise s'expose à une peine d'amende d'un montant de 5 000 à 15 000 francs. Celle qui sciemment achète ou commercialise le produit de la pêche d'un pêcheur amateur peut être punie des mêmes peines.

Par ailleurs, il est interdit de mettre en vente, de vendre, d'acheter, de transporter, de colporter et d'exporter les diverses espèces de poissons pendant le temps où leur pêche est interdite. Cette disposition n'est pas applicable, sous réserve qu'il soit justifié de leurs origines, aux poissons provenant :

- des eaux échappant à la réglementation sur la pêche ;
- des eaux soumises à la réglementation maritime pendant le temps où leur pêche est autorisée ;
- de l'étranger, dont l'importation est autorisée.

Où pêcher ?

Pour pouvoir pêcher, il faut nécessairement disposer de la permission du titulaire du droit de pêche. Dans les eaux soumises à la réglementation, cette autorisation peut prendre des formes diverses. Par ailleurs, il est nécessaire, également, de respecter certaines interdictions permanentes ou temporaires de pêche (écluses, réserves de pêche, etc.).

66 - Les droits des membres des AAPPMA

L'autorisation de pêcher réside tout d'abord dans la possession de la carte d'adhérent à une association agréée de pêche et de pisciculture (à condition bien sûr d'avoir acquitté également la taxe piscicole). Cette carte autorise la pêche dans tous les lots (on dit aussi cantonnements) gérés par l'association, sous réserve, le cas échéant, de satisfaire à des conditions particulières d'accès pour des lots à vocation spécialisée [1]. Les possibilités et conditions de pêche des adhérents sont indiquées sur la carte de pêche délivrée par l'association.
En dehors des lots gérés par son AAPPMA, où l'adhérent peut-il pêcher? Différentes réponses s'offrent à lui :

- la qualité de membre d'une AAPPMA donne le droit de pêcher, moyennant l'achat d'une vignette supplémentaire, sur les lots des associations ou des fédérations réciprocitaires (voir 68 et suivants) ;
- le sociétaire peut pêcher gratuitement dans les eaux où le droit de pêche appartient à l'État ; on parle alors de droit de pêche banal (voir 73) ;
- il peut pêcher également en dehors des lots de l'association à laquelle il appartient, mais à la condition d'obtenir la permission du titulaire du droit de pêche, association ou particulier (voir 74).

En tout état de cause, ces possibilités supplémentaires ne peuvent bénéficier qu'aux pêcheurs déjà membres d'une AAPPMA et ayant acquitté la taxe piscicole correspondant tant au mode de pêche pratiqué qu'à la catégorie piscicole des eaux concernées. À défaut, ceux qui veulent pratiquer momentanément la pêche peuvent choisir la carte journalière (voir 21) ou la carte « vacances » (voir 22).

67 - Qu'est-ce que la réciprocité ?

Dans certains départements, les AAPPMA ont conclu des accords de réciprocité. C'est-à-dire qu'elles s'engagent à admettre sur leurs lots de pêche les adhérents d'autres associations. Pour le pêcheur, cela se traduit par un avantage certain : avec une seule carte et un timbre supplémentaire d'un montant forfaitaire, il a accès aux lots des AAPPMA réciprocitaires, ceci sans

1. Par exemple l'accès au lac des Tillers, dans les Hauts-de-Seine, réservé à la pêche sportive, est accessible aux pêcheurs titulaires d'une carte de pêche avec taxe complète à laquelle il faut ajouter le timbre UPIF (voir 69) et une carte de pêche journalière au prix de 70 francs.

avoir à adhérer à aucune d'entre elles et à additionner ainsi les cotisations statutaires. Il dispose en outre, et au titre de la réciprocité, des mêmes droits que les pêcheurs locaux, et en particulier du même nombre de lignes susceptibles d'être utilisées.

68 - Les fédérations réciprocitaires

La réciprocité peut être appliquée entre associations, au niveau fédéral ou interfédéral. Le prix du timbre réciprocitaire peut varier selon que le pêcheur a adhéré ou non à une AAPPMA située dans un département concerné par la réciprocité.
Attention, la réciprocité n'est pas forcément applicable dans tout le département, certaines associations pouvant décider de ne pas y participer. D'autres, par exemple, réservent la pêche dans les plans d'eau à leurs seuls adhérents. Par ailleurs, la réglementation peut être différente selon les départements. Il est donc recommandé de lire avec attention la notice remise lors de l'achat de la carte de pêche ou du timbre réciprocitaire. Les tarifs que nous indiquons ci-dessous sont ceux qui étaient pratiqués en 1998.

69 - L'Union des pêcheurs de l'Île-de-France (UPIF)

Elle réunit les fédérations de pêche et de protection du milieu aquatique du Val-de-Marne, du Val-d'Oise, de Paris, des Hauts-de-Seine, de la Seine-Saint-Denis, des Yvelines. Huit AAPPMA de l'Essonne les ont rejointes [2]. En outre, les pêcheurs détenteurs du timbre UPIF peuvent pêcher sur les cantonnements des associations réciprocitaires de la Saône-et-Loire et de l'Allier.
Les prix pratiqués en 1998 étaient les suivants : pêcheurs membres d'une association adhérente à l'UPIF : 70 francs ; autres pêcheurs : 160 francs ; titulaires de la carte « jeune » : 25 francs. La vignette réciprocité peut être apposée sur la carte « vacances ».
Les personnes exonérées de la taxe piscicole, et sauf à acquitter cette dernière, n'ont pas accès au timbre réciprocitaire.

2. *AAPPMA L'Épinoche arpajonaise, AAPPMA d'Évry et des environs, AAPPMA de Longpont-sur-Orge, AAPPMA de Ris-Orangis, AAPPMA Épinoche du Val d'Yerres, AAPPMA des Pêcheurs à la ligne de Corbeil-Essonnes, AAPPMA de Sainte-Geneviève-des-Bois et des environs, Entente de l'Yvette.*

70 - L'Interfédérale bretonne

L'Interfédérale bretonne regroupe quatre départements : les Côtes-d'Armor, le Finistère, l'Ille-et-Vilaine, le Morbihan. La vignette interfédérale coûte 100 francs. Pour se la procurer, il faut obligatoirement appartenir à une AAPPMA située dans l'un des quatre départements concernés. En outre, éventuellement, il peut être nécessaire d'avoir acquis, préalablement, la réciprocité départementale.

L'accès à la réciprocité interfédérale est gratuit pour les titulaires de la carte « jeune ».

71 - L'accord Entente halieutique du Grand Ouest - Club halieutique

L'accord de réciprocité passé entre l'Entente halieutique du Grand Ouest et le Club halieutique permet de pêcher dans les 54 départements suivants : Allier, Alpes-de-Haute-Provence, Alpes-Maritimes, Ariège, Aude, Aveyron, Bouches-du-Rhône, Cantal, Charente, Charente-Maritime, Cher, Corrèze, Corse, Creuse, Dordogne, Drôme, Eure-et-Loir, Gard, Haute-Garonne, Gers, Gironde, Hérault, Ille-et-Vilaine, Indre, Indre-et-Loire, Isère, Landes, Loir-et-Cher, Loire, Haute-Loire, Loire-Atlantique, Loiret, Lot, Lot-et-Garonne, Maine-et-Loire, Mayenne, Nièvre, Orne, Puy-de-Dôme, Pyrénées-Atlantiques, Hautes-Pyrénées, Pyrénées-Orientales, Rhône, Saône-et-Loire, Sarthe, Deux-Sèvres, Tarn, Tarn-et-Garonne, Var, Vaucluse, Vendée, Vienne, Haute-Vienne. Le prix de la vignette « réciprocité » est de 75 francs pour les membres des AAPPMA situées dans l'une des 54 fédérations adhérentes et de 200 francs pour les pêcheurs des autres départements. L'accès à la réciprocité interfédérale est gratuit pour les titulaires de la carte « jeune » ou de la carte « vacances ».

72 - L'Entente des 3 B

L'accord de réciprocité des Trois Bassins regroupe neuf fédérations : Ain, Allier, Cher, Doubs, Loiret, Haute-Marne, Nièvre, Haute-Saône, Saône-et-Loire. La vignette réciprocité coûte 50 francs. Pour se la procurer, il faut nécessairement adhérer à une AAPPMA située dans un des départements

concernés par l'accord de réciprocité. L'accès à la réciprocité interfédérale est gratuit pour les titulaires de la carte « jeune ».
Les personnes exonérées de la taxe piscicole, et sauf à acquitter cette dernière, n'ont pas accès au timbre réciprocitaire.

73 - Le droit de pêche banal

Tout membre d'une AAPPMA (même exonéré de paiement de la taxe piscicole) peut non seulement pêcher sur les lots gérés par son association, mais également dans les eaux du domaine public quand le droit de pêche appartient à l'État (voir 8) :

- de la rive ou en marchant dans l'eau dans les cours d'eau de première catégorie ;
- de la rive, en marchant dans l'eau ou en bateau dans les cours d'eau de deuxième catégorie ainsi que dans les plans d'eau, quelle que soit leur catégorie ; le préfet peut, à titre exceptionnel, interdire la pêche à la ligne en bateau ;
- de la rive seulement, pour la pêche au saumon, quelle que soit la catégorie du cours d'eau ; toutefois, la pêche en marchant dans l'eau est parfois autorisée sur certains parcours déterminés.

Le droit de pêche banal ne peut s'exercer qu'à l'aide d'une seule ligne. Ce qui n'exclut pas la pêche au lancer, à la mouche, etc. – mais ceci, bien entendu, à la condition d'avoir acquitté la taxe piscicole correspondant au mode de pêche pratiqué et à la catégorie du cours d'eau ou du plan d'eau sur lequel s'exerce ce droit.
Le droit de pêche banal peut aussi s'exercer en dehors des eaux domaniales, mais à la condition de disposer de l'autorisation du titulaire du droit de pêche.

74 - La permission de pêche

Les AAPPMA peuvent instaurer sur leurs lots de pêche des permissions à la journée ou au mois ; le prix des permissions à la journée ne peut dépasser le quart de la cotisation statutaire annuelle, et la moitié de cette dernière pour les permissions au mois. Ces permissions ne concernent, bien entendu, que les membres des AAPPMA souhaitant pêcher en dehors des lots gérés par leur association. Il ne s'agit donc pas d'une cotisation supplémentaire

venant s'ajouter à la cotisation statutaire. Il ne faut pas la confondre également avec celle qui est exigible pour pouvoir pêcher sur certains lots à vocation spécialisée.
Les riverains ayant conservé leur droit de pêche peuvent également accorder des permissions (voir 9). Elles peuvent être gratuites ou payantes, tacites ou écrites. Cependant, compte tenu des conséquences qui peuvent être graves et onéreuses, on ne saurait trop conseiller aux pêcheurs d'être très prudents et de s'abstenir de tout acte de pêche en cas de doute sur la réalité de la permission.

75 - Quelle formule choisir ?

Comment choisir parmi le large éventail des formules offertes aux pêcheurs? Différents critères peuvent être retenus :

- le nombre de jours de pêche envisagés ;
- le ou les départements où l'on souhaite pêcher ;
- les tarifs pratiqués.

Pour un nombre limité de jours de pêche, il est possible d'envisager la permission journalière (voir 74), la carte journalière (voir 21) ou la carte « vacances » (voir 22).
Pour pêcher toute l'année dans le département où se situe l'AAPPMA, il suffit de prendre la vignette de réciprocité fédérale. En revanche, pour pratiquer la pêche dans plusieurs départements, il est nécessaire d'acquérir une vignette interfédérale. Cette dernière est parfois réservée aux seuls pêcheurs locaux (Interfédérale bretonne, 3 B). En tel cas, et pour pouvoir accéder à la réciprocité, il faut nécessairement adhérer à une association située dans l'un des départements concernés. Dans d'autres cas (UPIF, Entente halieutique du Grand Ouest, Club halieutique interdépartemental), il n'est pas nécessaire d'adhérer à une association locale, mais le prix de la vignette est plus élevé pour les pêcheurs venant d'un département non lié par l'accord de réciprocité.
Les tarifs pratiqués dépendent donc non seulement de la formule retenue, mais également des départements choisis et de celui où l'on pêche habituellement. Il reste possible, également, pour un membre d'une AAPPMA, de pêcher gratuitement à l'aide d'une seule ligne (lancer compris), quel que soit le département, dans les eaux domaniales où le droit de pêche appartient à l'État. Dans les autres eaux, il a aussi la possibilité de pêcher, mais avec l'autorisation préalable du titulaire du droit de pêche.

76 - Quelques exemples chiffrés

Une personne membre d'une AAPPMA de la région parisienne souhaitant pêcher dans l'un des 54 départements de l'accord Entente halieutique du Grand Ouest — Club halieutique devra acquitter 200 francs. En revanche, si la carte de pêche est prise dans l'un des 54 départements membres de l'entente, il ne lui en coûtera que 75 francs.
Si cette même personne souhaite pouvoir pêcher dans les quatre départements formant l'Interfédérale bretonne, elle devra payer une cotisation statutaire d'adhésion à une association locale, à laquelle viendront s'ajouter éventuellement une cotisation de réciprocité départementale et 100 francs de réciprocité interfédérale.
Enfin, un pêcheur souhaitant exercer son art dans un des cinq départements de la région parisienne, alors qu'il est adhérent d'une autre fédération (à l'exception de l'Allier et de la Saône-et-Loire), devra payer 160 francs.

77 - Les interdictions permanentes de pêche

Toute pêche est interdite :

- dans les dispositifs assurant la circulation des poissons dans les ouvrages construits dans le lit des cours d'eau ;
- dans les pertuis [3], les vannages et dans les passages d'eau à l'intérieur des bâtiments ;
- à partir des écluses et barrages établis dans les eaux où le droit de pêche appartient à l'État, ainsi qu'en aval de l'extrémité de ceux-ci sur une distance de 50 mètres pour la pêche aux lignes et de 200 mètres pour la pêche aux engins et filets ;
- à partir des écluses et barrages, dans les eaux où le droit de pêche n'appartient pas à l'État, ainsi que 50 mètres en aval de l'extrémité de ceux-ci, à l'exception de la pêche au moyen d'une ligne ; toute pêche en amont reste donc possible, ainsi qu'en aval, même à moins de 50 mètres, mais à l'aide d'une seule ligne ;
- à partir des écluses et barrages ainsi que 50 mètres en amont et en aval de l'extrémité de ceux-ci dans les cours d'eau classés comme « cours d'eau à saumon ou à truite de mer » ; dans ces cours d'eau, la

3. *Ouverture pratiquée dans une digue.*

pêche aux engins et filets est interdite sur une distance de 200 mètres en aval de l'extrémité des écluses et barrages.
Dans la zone comprise entre la limite de salure des eaux et les limites transversales de la mer, il est interdit de pêcher les poissons migrateurs (voir 89) avec tout autre engin que la ligne flottante tenue à la main à moins de 50 mètres d'un barrage.

78 - La pêche à partir d'un pont

La question est souvent posée : peut-on pêcher à partir d'un pont ? Rien ne l'interdit, à quelques exceptions près :

- si ce pont est situé dans un lieu où la pêche est interdite, dans une réserve de pêche par exemple ;
- si le maire ou le préfet le décide pour des motifs de sécurité publique, en cas de circulation routière ou piétonne notamment ;
- si le pêcheur use de son droit de pêche banal (voir 74) ; même s'il s'agit là d'une application particulièrement restrictive, voire incohérente, de la réglementation.

79 - Interdictions temporaires de pêche

Afin de favoriser la reproduction du poisson, des réserves temporaires de pêche peuvent être créées par arrêté préfectoral pour une durée allant de 1 à 5 ans. L'arrêté doit préciser :

- l'emplacement, les limites amont et aval de la section concernée du cours d'eau, canal ou plan d'eau ;
- la durée pendant laquelle la réserve de pêche est instituée.

L'arrêté est transmis aux maires des communes concernées, qui doivent procéder immédiatement à l'affichage en mairie. Cet affichage doit être maintenu pendant un mois et renouvelé chaque année, à la même date et pour la même durée, pour les réserves de plus d'une année. Les limites amont et aval des réserves de pêche doivent être signalées par des panneaux.
Le propriétaire riverain privé totalement de l'exercice de son droit de pêche plus d'une année entière peut adresser au préfet une demande d'indemnité. À défaut d'accord amiable, son montant est fixé par le tribunal administratif.

Droit de pêche des membres des AAPPMA hors des lots de leur association

	Départements réciprocitaires	Prix en 1998		Observations
		Associations locales	Autres départements	
Droit de pêche banal	Toutes les eaux du domaine public quand le droit de pêche appartient à l'État.	Gratuit	Gratuit	Pêche à l'aide d'une seule ligne, lancer compris.
Union des pêcheurs de l'Île-de-France	03, 71, 75, 78, 92, 93, 94, 95 et huit AAPPMA du 91.	70 F	160 F	Le prix de la vignette est de 25 francs pour les titulaires de la carte jeune.
Entente des 3 B	01, 03, 18, 25, 45, 52, 58, 70, 71.	50 F	—	Pour accéder à la réciprocité interdépartementale, il est nécessaire d'adhérer préalablement à une AAPPMA membre de l'Entente des 3 B. L'accès à la réciprocité est gratuit pour les titulaires de la carte jeune.
Interfédérale bretonne	22, 29, 35, 56.	100 F	—	Pour accéder à la réciprocité interdépartementale, il est nécessaire d'adhérer préalablement à une AAPPMA membre de l'Interfédérale bretonne. L'accès à la réciprocité est gratuit pour les titulaires de la carte jeune.
Entente halieutique du Grand Ouest – Club halieutique interdépartemental	03, 04, 06, 09, 11, 12, 13, 15, 16, 17, 18, 19, 20, 23, 24, 26, 28, 30, 31, 32, 33, 34, 35, 36, 37, 38, 40, 41, 42, 43, 44, 45, 46, 47, 49, 53, 58, 61, 63, 64, 65, 66, 69, 71, 72, 79, 81, 82, 83, 84, 85, 86, 87.	75 F	200 F	L'accès à la réciprocité est gratuit pour les titulaires de la carte jeune.
Permissions de pêche	Elles peuvent être délivrées dans tous les départements, au choix de l'AAPPMA ou du propriétaire riverain ayant conservé son droit de pêche.	Pas de tarif unique.		Ne pas confondre avec la carte journalière (voir 21).

FÉDÉRATION DÉPARTEMENTALE
PÊCHEURS
RESPECTEZ STRICTEMENT
ARBRES - RÉCOLTES - CLOTURES
SUIVEZ LES SENTIERS
GAREZ VOS VÉHICULES
SUR LE BAS-COTÉ DES ROUTES
LIBÉREZ LES CHEMINS
PRIVÉS
GARDE ASSERMENTÉ
DE PÊCHE ET DE PISCICULTURE
GRAPHISME ET MODÈLE DÉPOSÉS

Le droit de passage des pêcheurs

Pour pouvoir pratiquer la pêche, encore faut-il pouvoir accéder au bord de l'eau. C'est une évidence. Mais, si les conditions d'exercice du droit de passage des pêcheurs sur le domaine public sont parfaitement définies par la loi, il n'en est pas de même le long des cours d'eau privés. Dans ce dernier cas, les possibilités offertes aux pêcheurs sont étroitement liées aux réalités juridiques rencontrées sur le terrain.

80 - Le passage sur le domaine public

Tout propriétaire, locataire, fermier ou titulaire d'un droit réel, riverain d'un cours d'eau ou d'un plan d'eau domanial, est tenu de laisser le long de ceux-ci à l'usage des pêcheurs un espace libre sur 3,25 m de largeur. Lorsque les nécessités de la pêche, de l'entretien et de la surveillance le permettent, cette largeur peut être réduite à 1,50 m.
Le long des cours d'eau rayés de la nomenclature des voies navigables ou flottables, mais maintenues dans le domaine public, la largeur de l'espace libre laissé à l'usage des pêcheurs est de 1,50 m.

81 - Le passage le long des canaux de navigation

Le long des canaux de navigation, les pêcheurs peuvent user du chemin de halage et de la portion de berge faisant partie du domaine public, ceci dans la mesure où le permet l'exploitation de la voie navigable.
Exceptionnellement, ce droit peut être supprimé soit pour des raisons d'intérêt général, soit pour des raisons de sécurité, lorsque les berges sont incluses dans des établissements industriels.

82 - Obligations des pêcheurs

Selon l'article 7 du cahier des charges pour l'exploitation du droit de pêche de l'État, le pêcheur doit user de ses droits de manière à n'entraver ni la navigation ni le passage sur les chemins de halage et les francs bords ; il doit prendre toutes les précautions nécessaires pour ne gêner en rien les manœuvres aux écluses, barrages, pertuis [1] et autres ouvrages d'art. Il est tenu, à cet égard, de se conformer aux ordres des agents de la navigation. Il est responsable de tous retards, avaries et dommages qu'il fait éprouver soit à la traction mécanique ou électrique, soit aux bateaux, soit aux voitures et bestiaux des exploitants des propriétés riveraines, des habitants en faveur desquels cette faculté de circulation a été réservée et des locataires du domaine public.

1. Voir note 3 page 65.

En cas de dégradations causées par un pêcheur aux terrassements et aux ouvrages de toute nature, ce dernier peut être poursuivi et condamné tant à une peine d'amende qu'au paiement de dommages et intérêts.
Un pêcheur peut-il creuser le fond d'un ruisseau pour rechercher des esches animales ? En premier lieu, il doit veiller à ne pas détruire les zones de frayères ou les habitats de certaines espèces protégées. Ensuite, il faut savoir que rien n'autorise expressément cette pratique, sauf pour les propriétaires riverains. On ne saurait donc trop conseiller aux pêcheurs de procéder avec mesure et, le cas échéant, de respecter les éventuelles interdictions figurant au règlement intérieur de l'AAPPMA.

83 - Obligations des riverains

En cas de non-respect des dispositions relatives au droit de passage des pêcheurs, le riverain du domaine public doit, sur injonction de l'administration, remettre les lieux en état dans le délai fixé par celle-ci. À défaut d'exécution dans le délai prescrit et outre une éventuelle peine d'amende, la remise en état peut être effectuée d'office par l'administration aux frais du riverain.

84 - Le passage le long des cours d'eau non domaniaux

Les conditions d'exercice du droit de passage des pêcheurs le long des cours d'eau et plans d'eau non domaniaux sont précisées par l'article L. 235-6 du Code rural, qui stipule : « L'exercice du droit de pêche emporte bénéfice du droit de passage, qui doit s'exercer, autant que possible, en suivant la rive du cours d'eau et à moindre dommage. Les modalités d'exercice de ce droit de passage peuvent faire l'objet d'une convention avec le propriétaire riverain. » Ce qui appelle quelques commentaires :

- l'exercice du droit de passage est lié à celui du droit de pêche ; il n'existe pas de droit général de passage le long des cours d'eau et plans d'eau non domaniaux ;
- le propriétaire riverain qui a conservé son droit de pêche, et sauf cas particuliers, peut interdire l'accès aux berges ;
- si le propriétaire riverain a concédé son droit de pêche à une association, une convention fixant les modalités d'exercice de cette servitude de passage peut être établie ;

- en revanche, si la possibilité de pêcher relève d'une simple tolérance du propriétaire riverain, et en l'absence de bail ou de convention, il n'existe pour lui aucune obligation de faciliter le passage des pêcheurs.

85 - Responsabilité des pêcheurs

Les pêcheurs doivent faire en sorte de ne causer aucun préjudice au propriétaire du terrain sur lequel s'exerce la servitude de passage. Ils doivent en particulier éviter d'encombrer les chemins avec leurs véhicules et veiller à bien refermer les barrières. En outre, ils doivent impérativement respecter les clôtures, les récoltes, les arbres et l'environnement. Il faut savoir à ce sujet qu'en cas de dégradation leur responsabilité pourrait être engagée. En effet, selon l'article 1382 du Code civil, « tout fait quelconque de l'homme, qui cause à autrui un dommage, oblige celui par la faute duquel il est arrivé à le réparer ».

Par ailleurs, en cas d'accident et d'imprudence caractérisée (présence signalée d'un troupeau dangereux par exemple), les éventuelles victimes pourraient être reconnues totalement ou partiellement responsables du préjudice qu'elles auraient subi.

Il est prudent de vérifier si l'assurance de responsabilité civile du pêcheur prend en compte les risques exposés ci-dessus. À défaut, il est possible de souscrire une assurance particulière. Certaines fédérations de pêcheurs souscrivent un contrat collectif pour leurs adhérents [2].

86 - Responsabilité des associations

Lorsqu'une association ou une fédération de pêcheurs exerce gratuitement un droit de pêche, elle est tenue de réparer les dommages subis par le propriétaire riverain à l'occasion de l'exercice de ce droit. Elle peut, ensuite, se retourner contre le pêcheur responsable du préjudice et obtenir des dommages et intérêts.

Par ailleurs, selon l'article 29 des statuts types des AAPPMA, « l'association n'est pas responsable des infractions commises par ses membres ou des

2. *Se renseigner auprès de l'AAPPMA ou de la fédération.*

accidents dont ils pourraient être les auteurs ou les victimes, non plus que leurs conséquences pécuniaires.
« L'association est tenue de contracter une assurance de responsabilité civile pour les dégâts commis par l'un de ses membres à une propriété riveraine des droits de pêche qu'elle détient. Pour respecter cette obligation, la fédération peut se substituer aux associations adhérentes en contactant un contrat collectif[3]. »

87 - Respecter le règlement intérieur de l'association

Les pêcheurs sont tenus également de se conformer aux statuts et règlements intérieurs de leur association[4]. Laquelle, en particulier, est chargée de faire respecter la propreté, l'ordre et l'intégrité des rives, digues et plans d'eau qu'elle gère. Ainsi, par exemple, l'Union des pêcheurs de l'Île-de-France interdit notamment à ses adhérents :

- de faire du feu ;
- de laisser sur les lieux de pêche et alentour des papiers, bouteilles, boîtes de conserve ou autres détritus ;
- d'aménager des emplacements de pêche dans les berges ou d'y apporter des modifications quelles qu'elles soient ;
- de dégrader les murs ou parapets, chaussées, talus et plantations ;
- d'élaguer les arbres et les arbustes ;
- de se baigner dans les plans d'eau ;
- de patiner sur la glace ;
- de mettre une embarcation à l'eau ;
- de laisser divaguer les chiens et autres animaux ;
- de faire baigner les chiens ;
- d'utiliser des pétards ;
- de faire usage de postes radio portables.

Les infractions peuvent faire l'objet d'un procès-verbal et de poursuites devant le tribunal.

3. Se renseigner auprès de l'AAPPMA ou de la fédération.
4. Voir également dans le Carnet pratique les statuts types des AAPPMA.

88 - La sécurité des pêcheurs

Outre les risques qu'il peut faire courir aux tiers par son comportement, le pêcheur peut également mettre en danger sa propre sécurité. À cet égard, il doit bien mesurer les risques liés à l'environnement, et en particulier :

- le voisinage ;
- la proximité des lignes électriques (les matériaux utilisés pour la fabrication des cannes à pêche sont fréquemment conducteurs de courant et peuvent provoquer en cas de contact des électrocutions souvent très graves) ;
- les risques de variation brutale du niveau de l'eau ou de chute dans l'eau : état de la berge, vitesse du courant, différence de température entre l'eau et l'air (hydrocution), etc.

La pêche des poissons migrateurs

Certaines espèces de poissons ont un cycle biologique qui les conduit à vivre alternativement dans les rivières et en mer. Leur pêche fait l'objet de dispositions spéciales. Elles s'appliquent aux cours d'eau et canaux affluant à la mer, tant en amont de la limite de salure des eaux que dans les parties comprises entre celle-ci et les limites transversales de la mer. Elles concernent les espèces suivantes : saumon atlantique, grande alose, alose feinte, lamproie marine, lamproie fluviatile, anguille, truite de mer.

89 - Plan de gestion

Un plan de gestion des poissons migrateurs détermine par bassin, cours d'eau ou par groupe de cours d'eau et pour une période de 5 ans :

- les mesures utiles à la reproduction, au développement, à la conservation et à la circulation des poissons migrateurs ;
- les quantités qui peuvent être pêchées chaque année ;
- les conditions qui fixent les périodes d'ouverture de la pêche ;
- les modalités de limitation éventuelle des pêches ;
- les conditions pour délivrer et tenir les carnets de pêche.

90 - Huit comités de gestion

Ce plan de gestion est élaboré par un comité composé notamment de représentants de l'État et des diverses catégories de pêcheurs et leurs associations. Il a été créé huit comités : Artois-Picardie, Rhin-Meuse, Seine-Normandie, Bretagne, Loire-Bretagne, Adour-Garonne, bassin de l'Adour, Rhône-Méditerranée-Corse.

91 - Périodes d'interdiction

La pêche du saumon et de la truite de mer est interdite pendant une période de 180 jours comprise entre le 1er août et le 31 juillet de l'année suivante, dont au moins 120 jours consécutifs compris entre le 1er octobre et le 30 avril de la même période.

La pêche de la civelle est interdite. Toutefois elle peut être autorisée, en dehors d'une période de 210 jours consécutifs comprise entre :

- le 15 mars et le 15 novembre, dans les cours d'eau dont l'embouchure est située sur la façade atlantique au sud de la Sèvre Niortaise comprise, ainsi que dans leurs affluents ;
- le 1er avril et le 1er décembre, dans les cours d'eau dont l'embouchure est située sur la façade atlantique au nord de la Sèvre Niortaise, ainsi que dans leurs affluents ;
- le 1er avril et le 15 décembre, dans les cours d'eau dont l'embouchure est située sur la Manche ou la mer du Nord, et dans leurs affluents.

Les périodes d'ouverture de la pêche sont arrêtées conformément au plan de gestion des poissons migrateurs. Dans les situations exceptionnelles et afin de leur assurer une protection particulière, les périodes d'interdiction de la pêche du saumon et de la civelle peuvent être prolongées. Éventuellement il sera aussi décidé des périodes d'interdiction de la pêche pour les autres espèces. Au même titre, la pratique de nuit de certains modes de pêche peut être limitée pendant tout ou partie de l'année. Par ailleurs, le préfet peut également décider d'une limitation de la pêche. Dès que cette limite est atteinte, un arrêté est pris. Il entraîne l'interdiction de poursuivre la pêche dans la zone concernée.

92 - Les tailles réglementaires de capture

Voir 40.

93 - La pêche du saumon

Depuis 1997, la taxe piscicole « saumon » est remplacée par la marque d'identification de capture encore appelée « bague ». Elle peut être acquise par les pêcheurs dans les conditions suivantes :

- chaque marque a une valeur de 100 francs (prix 1999) ;
- nécessité, la première fois, d'acheter deux marques ;
- les marques suivantes sont délivrées contre remise de la déclaration de capture précédente.

Tout pêcheur de saumon atlantique doit donc être muni, quand il est en action de pêche :

- d'au moins une marque d'identification non utilisée, ne présentant aucun signe d'altération susceptible de nuire à son inviolabilité ;
- de son carnet nominatif récapitulant ses captures ; si le pêcheur exerce en amont de la limite de salure des eaux, le carnet doit porter la référence de la ou des marques évoquées plus haut.

Tout pêcheur qui capture un saumon doit, avant de le transporter, fixer de manière inamovible sur le poisson une marque d'identification et noter sur son carnet nominatif la date de la capture et la rivière d'origine de ce poisson. Tout pêcheur amateur doit, pour chaque capture, remplir une déclaration se présentant sous la forme d'un formulaire correspondant à la marque d'identification utilisée. Au moment d'acquérir une nouvelle marque, il doit présenter son carnet nominatif dûment établi et remettre sa déclaration de capture précédente au dépositaire chargé de la délivrance de la taxe piscicole.

La répression des infractions

Chaque année, des milliers de procès-verbaux sont dressés par les agents chargés de veiller au respect de la police de la pêche : défaut de permis ou d'autorisation du titulaire du droit de pêche, non-respect des dates d'ouverture, taxes piscicoles non conformes, etc. Compte tenu de la complexité de la réglementation, il est permis de penser qu'un certain nombre de ces pêcheurs pris en défaut n'étaient pas forcément de mauvaise foi.
Nul n'est à l'abri, en effet, d'une erreur ou d'une mauvaise interprétation des multiples obligations qui s'imposent aux pêcheurs.
Il faut savoir à ce sujet qu'on peut être sanctionné en dehors de toute intention coupable et qu'aucune excuse tirée de la bonne foi n'est admise. Il convient donc d'être particulièrement vigilant et, en cas de doute, de s'abstenir de tout acte de pêche.

94 - L'acte de pêche

Pour être en infraction à la réglementation, il faut généralement qu'au départ ait été commis un fait de pêche [1], c'est-à-dire, selon la jurisprudence, un acte « dont le but évident est de s'approprier des poissons ». Cependant, certains actes préparatoires ou postérieurs à la capture du poisson ne sont pas considérés comme des faits de pêche.
Ne doit pas être considéré comme étant en action de pêche celui, par exemple, qui monte une ligne, sonde le fond, amorce ou met une esche à l'hameçon. Il en est de même pour ceux qui se promènent au bord de l'eau avec une canne, mais sans tremper la ligne dans l'eau. Cela dit, dans les cas précités ou dans d'autres situations tout aussi ambiguës, il est quand même recommandé d'être prudent. En effet, si un procès-verbal était dressé, il reviendrait aux juges de trancher et de déterminer si, d'après les faits constatés, les preuves et les présomptions, la personne se livrait à la pêche, à charge pour elle de prouver le contraire.

95 - Qui peut constater les infractions ?

Outre les gardes-pêche et les officiers et agents de police judiciaire (gendarmes, police nationale, maires...), d'autres personnes sont habilitées à rechercher et à constater les infractions aux dispositions de la police de la pêche en eau douce. Ce sont, en particulier, les ingénieurs et agents qualifiés chargés de la police de la pêche :

- des directions départementales de l'agriculture et de la forêt ;
- des directions départementales de l'équipement ;
- des services chargés de la navigation ;
- de l'Office national des forêts ;
- des gardes champêtres.

À cette liste, il faut ajouter également les agents :

- de l'Office national de la chasse, pour leur circonscription ;
- des parc nationaux, pour les zones centrales et périphériques du parc ;
- des réserves naturelles, pour le territoire de la réserve.

1. À l'exception de certaines infractions, par exemple introduction sans autorisation de poissons d'espèces non représentées, transport de certaines espèces pendant la période d'interdiction de la pêche, délits de pollution, etc.

Ces agents doivent être commissionnés et assermentés. Dans l'exercice de leurs attributions, ils sont soumis aux règles de procédure pénale de la police de la pêche.

96 - Les gardes-pêche particuliers

Les gardes-pêche particuliers sont habilités à constater les infractions à la police de la pêche portant préjudice aux détenteurs du droit de pêche qui les emploient. Pour exercer ces fonctions, il faut notamment :

- être âgé(e) d'au moins 21 ans ;
- être commissionné(e) par l'employeur (avec mention de l'identité du garde, de la nature de la surveillance et du territoire où elle sera exercée) ;
- être agréé(e) par le préfet du département ;
- avoir prêté serment devant le tribunal ;
- avoir fait enregistrer l'agrément préfectoral et l'acte de prestation au greffe du tribunal ou des tribunaux d'instance et de grande instance dans le ressort desquels il exercera sa commission. Cette dernière doit être présentée au préfet du département tous les 5 ans pour validation.

97 - Limites territoriales

Les agents assermentés ne peuvent rechercher et constater les infractions que dans le ressort du tribunal (ou des tribunaux) au greffe duquel (ou desquels) leur commission et l'acte de prestation de serment ont été enregistrés.
La compétence territoriale des gardes-pêche particuliers est limitée, par leur commission elle-même, à la surveillance des propriétés qui leur est confiée.

98 - Droit de suite et visites domiciliaires

Les agents assermentés chargés de la police de la pêche peuvent, sans être assistés, rechercher à toute époque de l'année et même de nuit le poisson pêché, détenu, transporté ou commercialisé en infraction à la réglementation de la pêche, ceci :

- dans les lieux ouverts au public où le poisson est commercialisé ou consommé (marchés, boutiques, restaurants...);
- dans les lieux non ouverts au public qui constituent des conserveries, des entrepôts ou des magasins frigorifiques.

Ils peuvent également :

- rechercher à bord des bateaux des mariniers et des employés du balisage, aux lieux où ils abordent, tous les filets et engins interdits qui s'y trouvent;
- faire ouvrir par les pêcheurs leurs loges, hangars, réservoirs, boutiques à poissons, paniers, huches, bannetons, réfrigérateurs et visiter les passages d'eau des moulins et autres installations fixes implantées sur les cours d'eau.

Mais ils ne peuvent procéder aux visites des domiciles définis comme étant des maisons, ateliers, bâtiments, cours adjacentes, enclos, etc. La visite de ces lieux domiciliaires constitue une perquisition : elle ne peut être effectuée que sous la direction d'un officier de police judiciaire.
Dans l'état actuel de la jurisprudence, ces agents peuvent franchir les clôtures des terrains ne comportant pas de maison d'habitation. Ils ont la possibilité, également, de pénétrer dans les terrains annexes d'une habitation qui ne sont pas clos de tous les côtés. À ce titre, un cours d'eau ne constitue pas une clôture.

99 - Le contrôle des pêcheurs

Pour contrôler les pêcheurs, les agents chargés de la police de la pêche peuvent :

- exiger de tout pêcheur la présentation de sa carte d'adhérent à une association agréée de pêche. Toutefois, cette faculté ne s'étend pas au contrôle d'identité, réservé aux officiers de police judiciaire;
- exiger des pêcheurs de saumon la présentation d'une marque d'identification et du carnet de pêche;
- exiger la présentation d'une pièce justificative de l'origine du poisson transporté, commercialisé, importé ou exporté pendant la durée où la pêche en est interdite;
- faire revenir à la rive les bateaux de tout pêcheur;
- contrôler, sous les règles de la perquisition exposées au 98, les conditions de transport et d'utilisation des poissons, grenouilles et écrevisses appartenant à des espèces susceptibles de provoquer des désordres

biologiques (par exemple, perche soleil, poisson-chat...), dont le transport a été autorisé ;
- contrôler dans les piscicultures le respect des conditions légales et réglementaires imposées à celles-ci.

En aval de la limite de salure des eaux (voir 2), les agents commissionnés du Conseil supérieur de la pêche sont autorisés à contrôler les conditions dans lesquelles est pratiquée la pêche des poissons migrateurs. Ils font, le cas échéant, rapport de leurs observations aux services maritimes ou à des officiers de police judiciaire qui seuls peuvent décider de verbaliser.

100 - Rédaction du procès-verbal

Les agents assermentés sont tenus de constater les infractions qui relèvent de leur compétence. Ils doivent décrire les faits matériels et leurs circonstances, qui permettent de qualifier une ou plusieurs infractions. Ces déclarations sont consignées sur le registre ou le livret de l'agent et, si possible, signées par les déclarants.

Sous peine de nullité, le procès-verbal doit être adressé dans les trois jours qui suivent sa clôture au procureur de la République. Une copie est transmise à l'administration et au président départemental des AAPPMA et des pêcheurs professionnels.

Le procès-verbal dressé et signé par un seul agent assermenté fait foi jusqu'à preuve du contraire ; son énonciation peut être alors contredite par témoignage ou par écrit. S'il est signé par deux agents assermentés, son énonciation ne peut être combattue que par la preuve de la réalisation d'un faux.

101 - Saisie réelle ou fictive

À l'occasion de la constatation des infractions, les agents ont le pouvoir de prononcer la saisie des objets limitativement désignés par la loi et celle du poisson. La saisie peut être réelle ou fictive ; dans ce dernier cas, l'objet reste entre les mains de son propriétaire, mais celui-ci ne peut plus s'en séparer, et doit le représenter lorsqu'il y est invité.

Doivent être obligatoirement saisis :
- les lignes, filets, engins et autres instruments de pêche dont l'usage est prohibé (voir 52 et suivants) ;

- le poisson pêché, transporté, vendu ou acheté en infraction à la police de la pêche.

Peuvent être saisis :

- les instruments de pêche non prohibés mais utilisés non réglementairement, ainsi que les embarcations, automobiles et autres véhicules utilisés par les auteurs d'infractions.

En règle générale, la saisie fictive est préférée pour les véhicules. Toutefois, elle peut être réelle et intervenir, sauf impossibilité matérielle, pour les instruments de pêche prohibés et pour les instruments de pêche et les véhicules abandonnés.

Les gardes particuliers peuvent saisir les instruments de pêche, prohibés ou non, et le poisson, mais pas les embarcations, automobiles et autres véhicules.

Les objets saisis, à l'exception des instruments de pêche prohibés, peuvent être remis à leur propriétaire, s'il obtient du juge du tribunal d'instance une mainlevée provisoire, contre fourniture d'une caution suffisante et sous réserve du paiement des frais de séquestre.

102 - Responsabilité civile et pénale

Lorsqu'un procès-verbal a été dressé à l'encontre d'une personne, la ou les infractions qu'elle a commises l'exposent à des conséquences :

- pénales, c'est-à-dire aux sanctions prévues par la loi (amendes et même peines de prison pour les cas les plus graves) ;
- civiles, c'est-à-dire à la réparation des éventuels préjudices causés au détenteur du droit de pêche par son action ; ce qui peut entraîner des demandes de dédommagements financiers.

Le pêcheur pris en défaut va donc recevoir, ce qui peut paraître déroutant, différents courriers. Ils émanent, au choix :

- de l'administration (Direction départementale de l'agriculture et de la forêt, procureur de la République) pour l'aspect pénal de l'affaire ;
- d'associations (fédération de pêcheurs, sociétés de pêche ou de protection de la nature...) pour les conséquences civiles.

103 - La transaction pénale

Dans la mesure où l'infraction est jugée peu grave, l'administration peut accorder, si le procureur de la République en est d'accord, le bénéfice d'une transaction pénale. Il est alors proposé à la personne en cause de payer directement une amende dont le montant est inférieur à celle que le tribunal pourrait lui infliger : par exemple, 900 francs au lieu de 2 500 francs. Elle dispose alors d'un délai maximal d'un mois pour accepter cette transaction. Le paiement de la somme réclamée a pour effet d'arrêter toute poursuite judiciaire à son encontre à partir du jour où elle a été acquittée.
Mais attention, en cas d'infractions graves, multiples ou répétées [2], ainsi que dans le cas où elle refuserait la transaction évoquée ci-dessus (ou en l'absence de réponse à celle-ci), la personne en cause peut être convoquée devant le tribunal compétent. Là, un juge, après l'avoir écoutée, déterminera si elle est coupable ou non des faits qui lui sont reprochés.
Si sa responsabilité est reconnue, elle sera condamnée à une sanction pénale (voir 106), au paiement d'éventuels dommages et intérêts (voir 104) et parfois même à une peine accessoire (voir 107).

104 - Les conséquences civiles

Diverses associations, et en particulier les AAPPMA, ont pour vocation de protéger et de mettre en valeur les cours d'eau, les plans d'eau, et d'accroître la population piscicole.
Lesquelles ont donc la faculté de s'adresser au contrevenant pour obtenir réparation des dommages résultant de l'infraction qu'il a commise. Cela peut s'effectuer de façon amiable. Il reçoit alors de leur part une demande d'indemnisation qu'il est libre d'accepter ou de refuser purement et simplement. Dans ce dernier cas, ces associations pourront se constituer partie civile devant le tribunal afin d'obtenir réparation de leur préjudice en demandant des dommages et intérêts – ceci même si la personne en question a accepté et payé la transaction pénale.

2. Notamment pêche sans la permission du détenteur du droit de pêche ; en cas de saisie réelle ou fictive (voir 101) d'instruments de pêche prohibés ; pêche dans les réserves ; utilisation de drogues ou appâts en vue d'enivrer le poisson ; infraction commise la nuit ; cumul d'infractions ; récidive ; rébellion ou outrage à l'encontre des agents verbalisateurs...

105 - Différents choix

Dès lors que la procédure a été engagée, l'auteur de l'infraction se trouve donc devant plusieurs choix à effectuer, chacun entraînant des conséquences différentes :

- il acquitte le montant de la transaction qui lui est réclamée, ainsi que celui de la réparation civile : l'action s'éteint, les choses s'arrêtent là ;
- il refuse de payer la transaction : il est convoqué devant un tribunal. Si ses arguments sont entendus, l'affaire est classée (à moins qu'il soit fait appel de la décision prise). S'il est reconnu coupable, il sera condamné au paiement d'une amende dont le montant risque d'être supérieur à celui de la transaction qui lui avait été soumise. Cette condamnation sera assortie, le cas échéant, du paiement de dommages et intérêts aux associations qui se seraient portées partie civile ;
- il paye la transaction pénale, mais refuse la demande de réparation civile : il risque de se retrouver devant le tribunal à la demande du procureur ou des associations et il peut être condamné au paiement de dommages et intérêts.

106 - Le montant des amendes

Voici une liste non exhaustive des amendes auxquelles on s'expose en cas d'infraction :

- introduction dans les eaux de poissons susceptibles de provoquer des déséquilibres biologiques (perche soleil, poisson-chat) : 60 000 francs ; transport à l'état vivant de ces poissons sans autorisation : jusqu'à 10 000 francs ;
- pêche sans la permission du titulaire du droit de pêche : jusqu'à 1 000 francs ;
- défaut de carte de membre adhérent d'une association de pêche agréée : jusqu'à 3 000 francs (à ne pas confondre avec la non-présentation de la carte) ;
- défaut de paiement de la taxe piscicole : jusqu'à 3 000 francs ;
- non-respect par le pêcheur dispensé du paiement de la taxe piscicole des prescriptions fixées par la loi : jusqu'à 3 000 francs ;
- pêche en période d'interdiction : jusqu'à 3 000 francs ;
- pêche, transport de poissons ou d'écrevisses n'ayant pas la taille réglementaire : jusqu'à 3 000 francs ;

- dépassement du nombre de captures de salmonidés autorisé : jusqu'à 3 000 francs ;
- pêche au moyen d'un procédé non autorisé : jusqu'à 3 000 francs.

Les amendes peuvent se cumuler en cas d'infractions multiples. Ainsi, le fait de pêcher sans carte de pêche peut entraîner un double délit : non-adhésion à une AAPPMA (jusqu'à 3 000 francs) et non-paiement de la taxe piscicole (3 000 francs au maximum).

Enfin, en cas de circonstances aggravantes (pêche de nuit notamment), le montant de certaines amendes peut être porté à 5 000 ou 10 000 francs.

107 - Interdictions de pêcher

Outre les peines d'amendes auxquelles s'expose le pêcheur pris en infraction, il peut être prononcé une interdiction d'adhésion à une AAPPMA pour une durée de 1 an au minimum et de 3 au maximum (5 ans en cas de récidive).

D'autre part, dans les eaux où le droit de pêche appartient à l'État, tout membre de l'association qui se livre à la pêche au moyen de lignes ou d'engins non autorisés peut, sans préjudice des poursuites encourues par lui, être privé pendant une année du droit de pêche sur les lots de l'AAPPMA. Peut être privé de ce droit, pendant toute la durée du bail restant à courir, tout membre de l'association qui, en l'espace de deux années, a été l'objet d'une condamnation ou de deux amendes transactionnelles pour infraction aux lois et règlements sur la pêche en eau douce – ces exclusions sont prononcées par le préfet, même en l'absence de tout jugement (article 25 du cahier des charges pour l'exploitation du droit de pêche de l'État).

Dans toutes les eaux, l'adhésion à une AAPPMA peut être refusée à toute personne ayant porté préjudice à l'association ou ayant subi une condamnation pour infraction à la législation et à la réglementation de la pêche. En cas de contestation, le litige est soumis à la fédération (article 23 des statuts types des AAPPMA).

Droits et devoirs des propriétaires riverains

Comme il a été vu au 9, les propriétaires riverains d'un cours d'eau non domanial disposent généralement du droit de pêche. Ils jouissent également d'un droit d'usage préférentiel de l'eau. Mais, en contrepartie, ils sont assujettis à un certain nombre d'obligations d'entretien visant à assurer l'écoulement des eaux et la protection du patrimoine piscicole et du milieu aquatique. En outre, ils sont tenus de respecter les dispositions concernant le peuplement des eaux et leur usage.

108 - Les obligations d'entretien

L'entretien des cours d'eau est une opération essentielle au maintien de la diversité biologique de ce milieu. Il comprend notamment le curage de la vase, le faucardage des herbes, l'enlèvement des arbres qui ont poussé dans le lit ou de ceux qui sont tombés dans le cours d'eau, l'arasement des atterrissements gênants, l'élagage, le recépage de la végétation des rives...
Ces travaux sont, en principe, à la charge des propriétaires riverains. Mais, souvent, ils ne sont pas réalisés, ou sont pris en charge par la collectivité.
En cas de travaux décidés par l'administration ou par une association syndicale et pendant la durée de ces derniers, les propriétaires sont tenus de laisser passer sur leur terrain les fonctionnaires et agents chargés de la surveillance ainsi que les entrepreneurs et ouvriers. Ce droit s'exerce autant que possible en suivant la rive du cours d'eau.

109 - L'obligation de gestion piscicole

L'exercice d'un droit de pêche entraîne l'obligation de gérer les ressources piscicoles. Celle-ci comporte l'établissement d'un plan de gestion. En cas de non-respect de cette obligation, les mesures nécessaires peuvent être prises d'office par l'administration aux frais de la personne ou de l'association qui exerce le droit de pêche.
Par ailleurs, tout propriétaire d'un droit de pêche est tenu de participer à la protection du patrimoine piscicole et des milieux aquatiques. À cet effet, il ne doit pas leur porter atteinte. En outre, le cas échéant, il doit effectuer les travaux d'entretien nécessaires au maintien de la vie aquatique, ceci sur les berges et dans le lit du cours d'eau.
Avec l'accord du propriétaire, cette obligation peut être prise en charge par une association ou une fédération agréée de pêche et de pisciculture qui, en contrepartie, exerce gratuitement le droit de pêche pendant la durée de ladite prise en charge. Cette durée peut être fixée par convention.
En cas de non-respect de cette obligation, les travaux nécessaires peuvent être effectués d'office par l'administration, ceci aux frais du propriétaire ou éventuellement de l'association qui l'a prise en charge.

110 - Travaux et subventions

Les propriétaires riverains bénéficient parfois sur leur demande de subventions sur fonds publics pour la remise en état ou l'aménagement des rives et des fonds. En contrepartie, le droit de pêche est exercé gratuitement pour une durée maximale de 20 ans par une association ou une fédération départementale agréée de pêche et de pisciculture désignée par l'administration.
Toutefois, lorsqu'une subvention est versée à une collectivité locale ou à un syndicat de collectivités locales à la suite d'une déclaration d'utilité publique, le propriétaire peut rembourser la part de subvention correspondant aux travaux exécutés sur son fonds. Dans ce cas, les dispositions précitées ne lui sont pas applicables.
Pour l'application de ces dispositions, la durée pendant laquelle le droit de pêche est exercé gratuitement par l'association ou la fédération est fonction de la proportion dans laquelle les travaux ont été subventionnés sur fonds publics.
Pendant la période d'exercice gratuit du droit de pêche par une association ou une fédération, le propriétaire conserve le droit d'exercer la pêche pour lui-même, son conjoint, ses ascendants et ses descendants.
En l'attente de la publication d'un texte d'application vivement souhaité par les associations de pêcheurs, ces dispositions (article L. 235-5 du Code rural) ne sont pas actuellement opposables aux propriétaires riverains.
Mais, selon nos informations, un décret est actuellement en préparation et devrait faire l'objet d'une prochaine publication. Il devrait être accompagné d'un modèle de convention destinée à faciliter les rapports entre les différents partenaires : fédérations de pêcheurs, propriétaires ou leurs représentants.

111 - Extraction de matériaux

Selon la loi, le lit des cours d'eau non domaniaux appartient aux propriétaires des deux rives. Si elles ont des propriétaires différents, chacun d'eux a la propriété de la moitié du lit, suivant une ligne que l'on suppose tracée au milieu du cours d'eau, sauf titre ou prescription contraire.
Chaque riverain a le droit de prendre, dans la partie du lit qui lui appartient, tous les produits naturels et d'en extraire de la vase, du sable et des pierres, à la condition de ne pas modifier le régime des eaux et d'en exécuter le curage, conformément aux règles établies.

Mais attention, lorsqu'ils sont de nature à détruire les frayères, les zones de croissance, d'alimentation ou de réserves de nourriture de la faune piscicole, l'exécution de travaux dans le lit d'un cours d'eau est soumise à autorisation.
D'autre part, sont interdits en tous temps, sur tout le territoire national :

- la destruction ou l'enlèvement des œufs ;
- la destruction, l'altération ou la dégradation des milieux particuliers, et notamment des lieux de reproduction désignés par arrêté préfectoral, des poissons de certaines espèces (voir la liste en annexe).

112 - Travaux sur un cours d'eau

Le propriétaire riverain d'un cours d'eau non domanial ne peut exécuter des travaux au-dessus de ce cours d'eau ou le joignant qu'à la condition de ne pas entraver l'écoulement et de ne causer aucun dommage aux propriétés voisines.
Aucun barrage, aucun ouvrage destiné à l'établissement d'une prise d'eau, d'un moulin ou d'une usine ne peut être entrepris sans l'autorisation de l'administration.
D'autre part, il est posé le principe d'un débit minimal permettant de garantir, en permanence, la vie, la circulation, la reproduction des espèces qui peuplent les eaux. Ce qui permet au préfet d'intervenir en cas de pompages intempestifs. Enfin, dans certains cours d'eau, tout ouvrage doit comporter des dispositifs assurant la circulation des poissons migrateurs.

113 - Pompages et irrigation

Celui dont la propriété borde une eau courante non domaniale peut s'en servir au passage pour l'irrigation de ses propriétés (article 644 du Code civil). Cependant, il ne peut en user que dans les limites déterminées par la loi. Il est tenu de se conformer, dans l'exercice de ce droit, aux dispositions des règlements et des autorisations émanant de l'administration (article 97 du Code rural). À cet égard, l'article 645 du Code civil précise que, s'il s'élève une contestation entre les propriétaires auxquels ces eaux peuvent être utiles, les tribunaux, en se prononçant, doivent concilier l'intérêt de l'agriculture avec le respect dû à la propriété. Et, dans tous les cas, les règlements particuliers et locaux sur le cours et l'usage des eaux doivent être observés.

114 - Servitude de passage des pêcheurs

Voir 80 et suivants.

115 - Passage des bateaux

Le propriétaire riverain dispose d'un droit d'usage préférentiel de l'eau, mais il n'est pas exclusif. Ce qui fournit souvent la cause de conflits entre propriétaires ou entre ces derniers et certains usagers, notamment ceux des sports d'eau vive. La loi sur l'eau [1] interdit aux propriétaires de clore le cours d'eau pour empêcher le passage des sportifs. Par ailleurs, le préfet peut réglementer la pratique de ces sports et même la suspendre dans un secteur de manière prolongée.
À lui seul, le droit de passage accordé aux usagers des bateaux n'implique pas qu'ils aient l'autorisation de pêcher ou d'accoster sur les fonds traversés.

116 - Contrôle des peuplements

Dans les eaux soumises à la réglementation sur la pêche, il est interdit d'introduire, sous peine d'amende :

- des poissons appartenant à des espèces susceptibles de provoquer des déséquilibres biologiques (poisson-chat, perche soleil ; voir la liste complète en annexe) ;
- des poissons dont l'espèce n'est pas représentée dans les eaux françaises (voir en annexe la liste des espèces représentées) ;

1. *Article 6 de la loi n° 92-3 du 3 janvier 1992, dite « loi sur l'eau » : « En l'absence de schéma d'aménagement et de gestion des eaux approuvé, la circulation sur les cours d'eau des engins nautiques de loisir s'effectue librement dans le respect des lois et règlements de police et des droits des riverains.*
« Le représentant de l'État dans le département peut, après concertation avec les parties concernées, réglementer sur des cours d'eau ou parties de cours d'eau non domaniaux la circulation des engins nautiques de loisir non motorisés ou la pratique du tourisme, des loisirs et des sports nautiques afin d'assurer la protection des principes mentionnés à l'article 2 de la présente loi (NDLR : la gestion équilibrée de la ressource en eau).
« La responsabilité civile des riverains des cours d'eau non domaniaux ne saurait être engagée au titre des dommages causés ou subis à l'occasion de la circulation des engins nautiques de loisir non motorisés ou de la pratique du tourisme, des loisirs et des sports nautiques qu'en raison de leurs actes fautifs. »

- dans les eaux classées en première catégorie (à l'exception des lacs Léman, d'Annecy et du Bourget), des poissons des espèces suivantes : brochet, perche, sandre et black-bass ;
- pour réempoissonner ou aleviner, des poissons qui ne proviennent pas de piscicultures agréées.

117 - Pollution

Le délit de pollution des eaux est assez sévèrement réprimé. Selon les termes de l'article L. 232-2 du Code rural, en effet, « quiconque a jeté, déversé ou laissé écouler, directement ou indirectement, des substances quelconques dont l'action ou les réactions ont détruit le poisson ou nuit à sa reproduction ou à sa valeur alimentaire sera puni d'une amende de 2 000 à 120 000 francs et d'un emprisonnement de deux mois à deux ans ou l'une de ces deux peines seulement ».

118 - Création d'un plan d'eau

La création d'un plan d'eau relève de différentes législations, et en particulier :

- du règlement sanitaire départemental, pour la création des mares, qui nécessite l'autorisation du maire ; leur implantation est interdite à moins de 35 mètres des sources et forages et de 50 mètres des immeubles habités ;
- de l'urbanisme, en fonction éventuellement de la profondeur des affouillements ; dans tous les cas, une autorisation doit être délivrée dès lors que la superficie est supérieure à 30 000 m^2 ; une déclaration doit être déposée lorsque la superficie est supérieure à 2 000 m^2 et inférieure à 30 000 m^2 ;
- de la pêche, s'il est établi en communication avec un cours d'eau ; une autorisation est nécessaire ; elle ne peut être accordée, après avis de la fédération départementale des pêcheurs, que si aucun inconvénient ne paraît devoir en résulter pour le peuplement piscicole des eaux avec lesquelles il communiquerait ; cette autorisation pourrait être refusée, notamment lorsque sa création aurait pour conséquence l'interruption de la libre circulation des espèces piscicoles dans le cours d'eau, une insuffisance de débit ou une altération de la qualité de l'eau compromettant la vie de ces espèces.

Ces seuils pourraient être prochainement réduits. Ils devraient être plus restrictifs en première catégorie piscicole afin de limiter la création de nouveaux plans d'eau de loisir dans ces zones. Ils devraient s'établir comme suit.

Plans d'eau dont les eaux s'écoulent directement ou indirectement, ou lorsque les vidanges s'effectuent dans un cours d'eau de première catégorie piscicole et la superficie étant :

- supérieure ou égale à 1 ha : autorisation ;
- supérieure à 0,1 ha, mais inférieure à 1 ha : déclaration.

Dans les autres cas que ceux prévus plus haut :

- supérieure ou égale à 3 ha : autorisation ;
- supérieure à 0,1 ha, mais inférieure à 1 ha : déclaration.

Enfin, rappelons que les vidanges sont soumises à autorisation préfectorale.

La pêche en mer et au bord de mer

Même si elle ne nécessite pas l'achat d'un permis, la pêche de loisir en mer ou au bord de mer n'est pas totalement libre. Elle est assujettie à un certain nombre de règles concernant notamment les caractéristiques des lignes et engins susceptibles d'être utilisés et la taille minimale de capture de certains poissons, crustacés et mollusques.

119 - Interdiction de commercialisation

Est considérée comme pêche maritime de loisir celle dont le produit est destiné à la consommation exclusive du pêcheur et de sa famille et qui ne peut être ni colporté ni exposé ou vendu. Elle peut s'exercer à partir d'une embarcation, en nageant, en plongeant ou encore à pied sur le domaine public maritime, ainsi que sur la partie des fleuves, rivières ou canaux dont les eaux sont salées.

Cette pêche est soumise :

- aux dispositions que nous exposons ci-après quant à la taille minimale de capture ;
- aux règlements applicables aux pêcheurs professionnels en ce qui concerne les caractéristiques et conditions d'emploi des engins de pêche, les modes et procédés, zones et périodes, interdictions et arrêts de pêche.

120 - Engins autorisés

À bord des embarcations, il est interdit de détenir et d'utiliser d'autres engins que ceux énumérés ci-après :

- des lignes gréées pour l'ensemble d'un maximum de 12 hameçons ;
- 2 palangres munies chacune de 30 hameçons au maximum ;
- 2 casiers ;
- 1 foëne ;
- 1 épuisette ou « salabre » ;

Toutefois, sont autorisés la détention et l'usage :

- en Méditerranée, de 1 grapette à dents ;
- en mer du Nord, Manche et Atlantique, de 1 filet tramail d'une longueur maximale de 50 mètres, sauf dans les parties des eaux salées des estuaires et des embouchures des fleuves et rivières en amont d'une limite fixée par un arrêté du ministre chargé des pêches maritimes.

121 - Mesures limitatives de protection

En vue d'empêcher la dégradation des ressources halieutiques, lorsque celles-ci apparaissent comme menacées, et afin d'assurer la sécurité, la salubrité, la santé publique et le bon ordre des activités de pêche, les autorités administratives peuvent prendre les mesures limitatives suivantes :

- réduire la liste ou le nombre d'engins dont la détention est autorisée à bord des embarcations ;
- fixer la liste des engins ou procédés de pêche qui peuvent être utilisés pour la pêche sous-marine et la pêche à pied ;
- fixer les caractéristiques et conditions d'emploi des engins autorisés ;
- interdire de façon permanente ou temporaire l'exercice de la pêche dans certaines zones ou à certaines périodes ;
- interdire la pêche de certaines espèces ou en limiter les quantités pouvant être pêchées ou transportées.

Pour connaître les conditions exactes dans lesquelles peut se pratiquer la pêche de loisir maritime, il est donc recommandé de se renseigner, localement, auprès du bureau des affaires maritimes (voir adresses en fin d'ouvrage).

122 - Formalités pour la pêche sous-marine

Par pêche sous-marine au sens de la réglementation, il faut entendre la capture des animaux marins par quelque procédé que ce soit, en action de nage ou de plongée.
Les personnes souhaitant se livrer à ce sport doivent, chaque année, adresser une demande auprès de l'administrateur des affaires maritimes du lieu où elles comptent pratiquer la pêche sous-marine (voir adresses en fin d'ouvrage). Elle doit être accompagnée d'une attestation d'assurance indiquant que l'intéressé est couvert pour la pratique de sports sous-marins. Les membres d'une fédération d'associations de pêcheurs sous-marins reconnue par le ministre de la Mer sont dispensés de cette formalité. Pour pouvoir pratiquer la pêche sous-marine, il faut être âgé d'au moins 16 ans.

123 - Conditions d'exercice de la pêche sous-marine

L'exercice de la pêche sous-marine est assujetti à des règles spécifiques :

- il est interdit d'utiliser tout équipement tel que scaphandre, autonome ou non, permettant à une personne immergée de respirer sans revenir à la surface ; la détention simultanée à bord d'un bateau d'un tel équipement respiratoire et d'une foëne ou d'un appareil conçu pour la pêche sous-marine est interdite ;
- les appareils spéciaux pour la pêche sous-marine sont utilisés pour le

lancement d'un projectile destiné à transpercer le poisson ; la force propulsive qu'ils développent ne doit en aucun cas être empruntée au pouvoir détonant d'un mélange chimique, ni à la détente d'un gaz comprimé, à moins que la compression de ce dernier ne soit obtenue par l'action d'un mécanisme manœuvré par l'utilisateur.

D'autre part, il est interdit aux pêcheurs sous-marins :

- de pêcher entre le coucher et le lever du soleil ;
- de s'approcher à moins de 150 mètres des navires et embarcations en pêche, ainsi que des filets signalés par un balisage apparent ;
- de capturer les animaux marins pris dans les engins et filets placés par d'autres pêcheurs ;
- de faire usage d'un foyer lumineux ;
- d'utiliser pour la capture des crustacés une foëne ou un appareil spécial pour la pêche sous-marine ;
- de tenir chargé hors de l'eau un appareil spécial pour la pêche sous-marine.

Pour des motifs de conservation des fonds, de protection de la pêche professionnelle en bateau ou de sécurité en mer, des arrêtés peuvent définir certains secteurs où l'exercice de la pêche sous-marine est interdit ou soumis à certaines conditions. Au même titre, des zones de protection peuvent être établies autour des établissements de pêche.

Il est donc conseillé de se renseigner auprès des autorités maritimes locales (voir adresses en fin d'ouvrage), afin de connaître les réglementations particulières qui concernent la région où l'on compte se livrer à l'exercice de la pêche sous-marine.

124 - Les tailles minimales (en cm)

Mer du Nord, Manche, Atlantique

Poissons : alose : 30 ; bar commun : 36 ; barbue : 30 ; cabillaud (morue) : 35 ; congre : 58 ; dorade grise : 23 ; dorade royale : 19 (Atlantique Sud[1]) ; lieu jaune : 30 ; limande : 15 (mer du Nord et Atlantique Sud : 23) ; limande sole : 25 ; flet : 25 ; lingue : 63 (Atlantique Sud[1]) ; maquereau : 30 (mer du Nord) ; merlan : 27 ; merlu : 30 (Atlantique Sud[1] : 27) ; mulet : 20 ; plie : 25 (mer du Nord : 27) ; plie grise : 28 ; rouget de roche : 15 ; saumon : 50 (seu-

1. Partie de l'Atlantique située au sud du 48ᵉ parallèle.

lement dans la partie maritime des canaux et cours d'eau affluant à la mer) ; sole : 24 ; thon rouge : 6,4 kg (Atlantique) ; truite de mer : 23 (seulement dans les parties maritimes des canaux et cours d'eau affluant à la mer) ; turbot : 30.
Crustacés : araignée de mer : 12 ; crevettes grise et rose : 3 ; homard : 24 ; langoustes rouge et rose : 23 ; langoustine : 8,5 (Atlantique Sud : 7) ; tourteau : 7.
Mollusques : clam : 4,5 ; coque ou hénon : 3 ; coquille Saint-Jacques : 10 ; huître plate : 5 ; huître creuse : 30 grammes pièce ; moule : 4 ; ormeau : 8 ; palourde : 3,5 ; pétoncle : 3,5 ; praire : 4.

Méditerranée

Poissons : alose 30 ; anguille : 22 poissons au kilo ; bar commun : 25 ; baudroie : 30 ; cardine à quatre taches : 20 ; dorade royale : 20 ; lamproie marine : 27 ; maquereau commun : 22 ; maquereau espagnol : 15 ; merlu : 20 ; mulet : 20 ; pagre commun : 20 ; raie : 36 ; sare : 15 ; sole : 20 ; autres poissons, sauf anchois, argentine, éperlan, lançon, monnet, prêtre, sardine et sprat : 12.
Crustacés : araignée de mer : 12 ; homard : 23 ; crevettes grise et rose : 3 ; étrille : 5 ; langouste : 21.
Mollusques : coque ou hénon : 3 ; coquille Saint-Jacques : 10 ; huître : 6 ; moule : 4 ; oursin : 3,5 (piquants exclus) ; palourde jaune ou clovisse : 3 ; praire : 4 ; tellines : 2,5 ; vénus : 2,5.

L'organisation des pêcheurs

L'organisation de la pêche en eau douce en France s'appuie notamment sur trois piliers essentiels : le ministère de l'Environnement, le Conseil supérieur de la pêche, et les associations agréées de pêche et de protection du milieu aquatique (AAPPMA), regroupées au sein de leurs fédérations et de l'Union nationale des fédérations départementales de pêche et de protection du milieu aquatique.

125 - Le Conseil supérieur de la pêche

Le Conseil supérieur de la pêche (CSP) est un établissement public auquel est affecté le produit de la taxe piscicole. Il utilise les fonds dont il dispose pour la mise en valeur et la surveillance du domaine piscicole national, notamment par des interventions, réalisations, recherches, études et enseignements en faveur de la pêche et de la protection du patrimoine piscicole.
En outre, le CSP constitue un organisme consultatif auprès du ministre chargé de la pêche en eau douce. Il est consulté sur les mesures législatives ou réglementaires concernant en particulier la pêche en eau douce et les problèmes afférents à la protection et à la gestion des milieux naturels aquatiques.
Les agents commissionnés du CSP sont mis à la disposition des fédérations départementales des associations agréées de pêche et de pisciculture. Au sein des brigades départementales, ils assurent différentes missions, et en particulier la surveillance des milieux aquatiques, la prévention des dégradations et des infractions, la recherche et la constatation des infractions à la police de la pêche ou à la police de l'eau.

126 - L'Union nationale des fédérations départementales de pêche et de protection du milieu aquatique

L'Union nationale pour la pêche et la protection du milieu aquatique a vu le jour en 1947. Elle regroupe aujourd'hui 4 167 AAPPMA et constitue un centre d'action et de coordination entre les pêcheurs et les pouvoirs publics.
Depuis sa création, ses dirigeants ont fait aboutir un nombre important de dossiers concernant notamment :

- la lutte contre les pollutions ;
- la mise en valeur et la protection des milieux aquatiques ;
- la libre circulation des migrateurs ;
- la défense des structures associatives pour la valorisation d'une pêche démocratique accessible au plus grand nombre.

L'Union nationale est l'instigatrice de la loi du 29 juin 1984 appelée « loi-pêche », qui fixe le cadre de la protection et de la gestion des ressources piscicoles et de leur mise en valeur halieutique. La grande innovation de cette loi réside dans l'obligation de gestion piscicole pour tout détenteur d'un droit de pêche et le devoir de protection des milieux aquatiques.

127 - Les associations agréées de pêche et de protection du milieu aquatique (AAPPMA)

Les AAPPMA contribuent à la surveillance de la pêche, exploitent les droits de pêche qu'elles détiennent, participent à la protection du patrimoine piscicole et effectuent des opérations de gestion piscicole (article L. 234-3 du Code rural).
Les associations agréées de pêcheurs amateurs aux engins ont les mêmes compétences pour les lots de pêche où leurs membres sont autorisés à pêcher.
L'agrément prévu pour ces associations peut être accordé à celles qui sont constituées et déclarées conformément aux dispositions de la loi du 1er juillet 1901 ou aux articles du Code civil local pour les départements du Haut-Rhin, du Bas-Rhin et de la Moselle. Leurs statuts doivent être conformes à un modèle type défini par arrêté ministériel (nous en publions les dispositions essentielles en fin d'ouvrage).
L'agrément est délivré par le préfet. Il est accordé en fonction des droits de pêche détenus par l'association, du nombre de ses adhérents et de son aptitude à exercer les missions qui lui sont dévolues.

128 - Les fédérations agréées de pêche et de protection du milieu aquatique

Dans chaque département, les associations agréées doivent obligatoirement être regroupées au sein d'une fédération départementale. Ces fédérations ont le caractère d'établissements d'utilité publique. Elles sont chargées de mettre en valeur et de surveiller le domaine piscicole départemental. À cet effet, elles participent à l'organisation de la surveillance de la pêche et coordonnent les actions des AAPPMA.
Elles exploitent dans l'intérêt des membres des AAPPMA les droits de pêche qu'elles détiennent et mènent des actions d'information et d'éducation en matière de protection du milieu aquatique. Elles peuvent être chargées, en outre, de toute autre mission d'intérêt général en rapport avec leur activité.

Carnet pratique

Liste des espèces de poissons, de crustacés et de grenouilles représentées dans les eaux françaises

(Arrêté du 17 décembre 1986)

Il est interdit d'introduire dans les eaux soumises à la réglementation les poissons, grenouilles etcrustacés appartenant à des espèces qui n'y sont pas représentées. La liste des espèces représentées dans ces eaux est fixée comme suit.

Poissons

Esturgeon ; grande alose ; alose feinte ; saumon atlantique ; truite de rivière ; truite de mer ; truite de lac ; truite à grosses taches ; truite arc-en-ciel ; huchon ; omble chevalier ; omble de fontaine (saumon de fontaine) ; cristivomer ; ombre commun ; corégones.
Brochet ; ombre pygmé ; carpe ; carassin ; carassin doré ; barbeau fluviatile ; barbeau méridional ; goujon ; tanche ; hotu ; toxostome ; brème ; brème bordelière ; gardon ; rotengle ; bouvière ; spirlin ; ablette ; able de Heckel ; chevaine ; chevaine cabeda ; vandoise ; vandoise rostrée ; blageon ; ide mélanote ; vairon.
Loche d'étang ; loche franche ; loche de rivière ; silure glane ; poisson-chat ; anguille ; épinoche ; épinochette ; aphanius d'Espagne ; cyprinodonte de Valence ; gambusie ; mulet cabot ; mulet porc ; mulet doré ; mulet à grosses lèvres ; athérine ; prêtre ; lote de rivière ; perche soleil ; crapet des roches.
Black-bass à grande bouche ; black-bass à petite bouche ; grémille ; perche ; sandre ; apron ; blennie.
Chabot ; flet ; loup ou bar ; éperlan ; lamproie fluviatile ; lamproie de Planer ; lamproie marine.

Grenouilles

Grenouille des champs ; grenouille agile ; grenouille ibérique ; grenouille d'Honnorat ; grenouille verte de Linné ; grenouille de Lessona ; grenouille de Perez ; grenouille rieuse ; grenouille rousse ; grenouille verte de Corse.

Crustacés comestibles

Écrevisse à pattes rouges ; écrevisse à pattes grêles ; écrevisse des torrents ; écrevisse à pattes blanches ; écrevisse de la côte Pacifique ; écrevisse américaine ; crevette grise ; crevette blanche ; crabe chinois.

■ Liste des espèces de poissons protégées sur l'ensemble du territoire national

(Arrêté du 8 décembre 1988)

Sont interdits en tous temps, sur tout le territoire national :

- la destruction ou l'enlèvement des œufs ;
- la destruction, l'altération ou la dégradation des milieux particuliers, et notamment des lieux de reproduction, désignés par arrêté préfectoral, des poissons des espèces suivantes :
- lamproie de Planer ;
- lamproie marine ;
- lamproie fluviatile ;
- les corégones ;
- saumon atlantique ;
- les truites ;
- omble chevalier ;
- grande alose ;
- alose feinte ;
- ombre commun ;
- brochet ;
- barbeau méridional ;
- vandoise ;
- ide mélanote ;
- bouvière ;
- loche d'étang ;
- loche de rivière ;
- blennie fluviatile ;
- apron.

■ Écrevisses autochtones

(Arrêté du 21 juillet 1983)

Il est interdit d'altérer et de dégrader sciemment les milieux particuliers aux espèces suivantes :

- écrevisse à pieds rouges ;
- écrevisse à pieds blancs.

Liste des amphibiens et reptiles protégés sur l'ensemble du territoire métropolitain

(Arrêté du 22 juillet 1993)

Sont interdits, sur tout le territoire métropolitain et en tout temps, la destruction ou l'enlèvement des œufs ou des nids, la mutilation, la capture ou l'enlèvement, la naturalisation des amphibiens et des reptiles suivants, ou, qu'ils soient vivants ou morts, leur transport, leur colportage, leur utilisation, leur mise en vente, leur vente ou leur achat :

- crapaud accoucheur ;
- crapaud sonneur à ventre jaune ;
- discoglosse corse ;
- discoglosse peint ;
- discoglosse sarde ;
- pélobate cultripède ;
- pélobate brun ;
- pélodyte ponctué ;
- crapaud commun ;
- crapaud calamite ;
- crapaud vert ;
- rainette verte ;
- rainette méridionale ;
- grenouille des champs ;
- grenouille agile ;
- grenouille de Perez ;
- grenouille rieuse ;
- grenouille ibérique ;
- grenouille de Lessona.

Sont interdits, sur tout le territoire métropolitain et en tout temps, la mutilation, la naturalisation des amphibiens et des reptiles suivants, ou, qu'ils soient vivants ou morts, le colportage, la mise en vente, la vente ou l'achat des spécimens détruits, capturés ou enlevés :

- grenouille verte ;
- grenouille rousse.

Les interdictions de colportage, de mise en vente et d'achat des spécimens vivants ou morts de grenouille rousse ne s'appliquent pas aux spécimens produits par les élevages autorisés.

Espèces de poissons, grenouilles et de crustacés susceptibles de provoquer des désordres biologiques

(Article R.*232 – 3 du Code rural)

La liste des espèces de poissons, de grenouilles et de crustacés susceptibles de provoquer des désordres biologiques dans les eaux soumises à la réglementation et dont l'introduction est, de ce fait, interdite est fixée comme suit :

- **poissons :** le poisson-chat et la perche soleil ;
- **grenouilles :** les espèces autres que la grenouille des champs, la grenouille agile, la grenouille ibérique, la grenouille d'Honnorat, la grenouille verte de Linné, la grenouille de Lessona, la grenouille de Perez, la grenouille rieuse, la grenouille rousse, la grenouille verte de Corse ;
- **crustacés :** le crabe chinois ;
- **écrevisses :** les espèces autres que l'écrevisse à pattes rouges, l'écrevisse des torrents, l'écrevisse à pattes blanches, l'écrevisse à pattes grêles.

Les statuts types des associations agréées de pêche et de protection du milieu aquatique (AAPPMA)

En achetant sa carte de pêche, le pêcheur n'acquiert pas seulement le droit de pêcher sur les lots d'une association agréée de pêche et de protection du milieu aquatique. Il en devient également un membre actif ou associé. Ce qui lui confère un certain nombre de droits et lui impose aussi des devoirs. Par ailleurs, compte tenu du rôle important joué par ces associations pour les pêcheurs et également dans la gestion et la protection du milieu aquatique, il paraît intéressant de connaître leur mode de fonctionnement. Pour ce faire, nous publions ci-dessous les dispositions essentielles des statuts types des AAPPMA[1]. Notons que ces statuts sont communs à toutes les AAPPMA et qu'ils doivent être obligatoirement adoptés par les associations pour obtenir l'agrément préfectoral.

I - Constitution

Art. 1er

Conformément aux articles 5 et 6 de la loi du 1er juillet 1901 et en application de l'article L. 234-3 du Code rural, il est constitué entre tous les adhérents aux présents statuts une association de pêche et de pisciculture qui prend :

- pour titre : Association agréée ...... pour la pêche et la protection du milieu aquatique ;
- pour sigle AAPPMA de ..... déclarée le ..... à la Préfecture de ..... Journal Officiel de ..... sous le numéro .....

1. *Arrêté ministériel du 7 novembre 1996, publié au* Journal officiel *du 14 décembre 1996.*

Variante départements du Haut-Rhin du Bas-Rhin et de la Moselle.
Conformément aux articles 21 à 79 du Code civil maintenu dans les départements du Haut-Rhin, du Bas-Rhin et de la Moselle par la loi du 1er juin 1924, à l'article L. 234-3 du Code rural et en application de l'article R. 234-23 du Code rural, il est constitué entre tous les adhérents aux présents statuts une association agréée de pêche et de pisciculture qui prend :

- pour titre Association agréée ..... pour la pêche et la protection du milieu aquatique :
- pour sigle : AAPPMA de ..... inscrite le ..... au registre des associations du tribunal d'instance de .... sous le numéro .....

Art. 2

Dans les articles qui suivent, cette association est dénommée « l'association ».

Art. 3

La durée de l'association est illimitée.

Art. 4

Son siège social est fixé à .....
Il peut être transféré en un autre lieu sur décision de l'assemblée générale.

II - Objet

Art. 5

L'association a pour objet :
1° De détenir et de gérer les droits de pêche :

- sur les domaines public et privé de l'État ;
- sur les domaines public et privé des collectivités locales ;
- sur les domaines privés de propriétaires ;
- sur ses propres propriétés.

2° De participer activement à la protection des milieux aquatiques et de leur patrimoine piscicole, en particulier :

- par la lutte contre le braconnage ;
- par la lutte contre la pollution des eaux ou toutes autres causes qui ont pour conséquences la destruction, la dégradation des zones essentielles à la vie du poisson ;

- d'organiser la surveillance, la gestion et l'exploitation équilibrée de ses droits de pêche dans le cadre des orientations départementales de gestion piscicole des milieux aquatiques portées à sa connaissance par la fédération départementale.

4° D'effectuer, sous réserve des autorisations nécessaires, toutes les interventions de mise en valeur piscicole.

5° De favoriser les actions d'information, de promouvoir des actions d'éducation dans les domaines de la protection des milieux aquatiques, de la pêche et de la gestion des ressources piscicoles.

D'une manière générale, l'association peut effectuer toutes opérations concernant directement ou indirectement l'objet de son action.

Ces opérations s'inscrivent dans le cadre des orientations départementales définies dans les missions statutaires de la fédération.

En conséquence, les décisions de la fédération relatives à la protection des milieux aquatiques, à la mise en valeur piscicole et à la promotion du loisir pêche s'appliquent aux associations adhérentes et à leurs membres.

Les actions de l'association peuvent inclure des opérations immobilières autorisées dans le cadre de la loi d'association, à la condition expresse qu'elles soient strictement nécessaires à la poursuite exclusive des objectifs définis dans les présents statuts.

Art. 6

L'association doit pouvoir justifier en tous temps qu'elle détient effectivement des droits de pêche sur les cours d'eau, parties de cours d'eau, plans d'eau soumis à la législation sur la pêche.

Les droits de pêche ainsi détenus peuvent être soit acquis, soit loués ou sous-loués, soit mis à la disposition de l'association.

III - Obligations statutaires

Art. 7

L'association doit :

1° S'affilier à la fédération départementale des associations agréées pour la pêche et la protection du milieu aquatique du département dans lequel elle est agréée et s'acquitter de la cotisation fixée annuellement par la fédération.

Cette cotisation est égale par membre à 40 % au moins du taux de la taxe

piscicole complète. Elle est réduite à 20 % au moins de ce même taux pour les membres titulaires de la carte « vacances » et de la carte « jeune » et à 5 % au moins de ce taux pour les titulaires de la carte journalière. Peut être appelée, le cas échéant, une cotisation aux membres de l'association exonérés du paiement de la taxe piscicole.
L'association est tenue de verser trimestriellement le montant des cotisations dues à la fédération selon l'échéancier fixé par cette dernière.
2° Percevoir la taxe piscicole auprès des membres, à l'exception de ceux qui l'auraient déjà acquittée auprès d'une autre association ou qui en seraient dispensés.
L'association est tenue de verser trimestriellement le montant des taxes perçues à la fédération selon l'échéancier prévu par cette dernière.
3° Accepter toute adhésion à moins de motifs reconnus légitimes par la fédération.
4° Effectuer des dépôts de timbres piscicoles, bagues « saumon », cartes de pêche, vignettes, documents d'information des pêcheurs, dans le cadre d'un dispositif d'organisation arrêté dans ce domaine par le conseil d'administration de la fédération.
5° Ne détenir des droits de pêcher hors du département où l'agrément a été donné qu'avec l'accord écrit de la fédération du département concerné. Ces droits ne peuvent excéder ceux qu'elle détient dans le département où elle a obtenu l'agrément. En cas de contestation, la décision est prise par le préfet du département concerné.
6° N'effectuer des dépôts de cartes de pêche hors du département où l'agrément a été donné qu'avec l'accord écrit des départements concernés.

Art. 8

L'association est tenue d'élaborer, de mettre en œuvre, en conformité avec les orientations départementales de gestion, un plan de gestion piscicole prévoyant les mesures et interventions techniques de protection, d'amélioration et d'exploitation équilibrée des ressources piscicoles de ses droits de pêche.
À titre transitoire, les opérations de repeuplement piscicole nécessaires s'effectuent dans le cadre des articles L. 232-10, L. 232-11, L. 232-12 [2] du Code rural sur la base d'un programme approuvé par la fédération et sous contrôle des agents assermentés du Conseil supérieur de la pêche.

2. Interdiction d'introduire des poissons d'espèces susceptibles de provoquer des désordres biologiques (perche soleil, poisson-chat) ou non représentées dans les eaux françaises et, en outre, dans les eaux de première catégorie, des brochets, perches, sandres et black-bass.

IV - Assemblée générale

Art. 9

L'association est composée des membres définis comme suit :
Sont membres actifs les adhérents à qui l'association a délivré une carte annuelle de pêche à cotisation normale ou une carte « jeune ».
Sont membres associés les pêcheurs à qui il a été délivré soit une carte pêche « vacances », soit une carte journalière, soit une carte « exonéré » gratuite ou à cotisation réduite.

Art. 10

L'assemblée générale est composée des membres actifs de l'association.

Art. 11

Les modalités de convocation et de tenue de l'assemblée générale ainsi que les modalités de vote sont précisées au titre VIII.

V - Administration - Organisation

Art. 12

L'association est administrée par un bureau dont le nombre des membres est variable en fonction de l'importance de l'association. Toutefois, ce nombre ne peut pas être inférieur à quatre (un président, un vice-président, un trésorier, un secrétaire).
C'est l'assemblée générale qui élit en son sein le bureau parmi les membres actifs ayant acquis la cotisation de l'année en cours et celle de l'année précédente. Cette disposition ne s'applique pas en cas de création d'une nouvelle association.

Art. 13

Le bureau élit en son sein, et à bulletins secrets, le président, le vice-président, le trésorier et le secrétaire de l'association. Il peut, en fonction de l'importance de l'association, élire un ou plusieurs vice-présidents, un trésorier adjoint, un secrétaire adjoint.
L'élection du président et celle du trésorier sont soumises à l'agrément du préfet.
Le président ne peut occuper une fonction similaire dans une autre asso-

ciation agréée de pêche ni être chargé de la police de la pêche dans le département.
Les membres du bureau sont rééligibles. Sauf cas de création d'une nouvelle association, leur mandat commence le 1er janvier précédant la date d'expiration des baux de pêche consentis par l'État sur le domaine public. Il se termine le 31 décembre précédant l'expiration des baux suivants.
Les membres du bureau ne peuvent être salariés de l'association.
Les membres du bureau répondent solidairement de l'exécution de leur mandat. Tous les membres de l'association sont également, conjointement et solidairement responsables de tous les actes de l'association.
Clause de renouvellement partiel du bureau : lorsque le bureau n'est plus au complet, soit par suite de retrait d'agrément, de démission, d'exclusion, de décès d'un ou de plusieurs de ses membres, le bureau peut être complété provisoirement. Dans ce cas, le mandat du membre ainsi élu prend fin à la date où aurait expiré le mandat de son prédécesseur.
L'assemblée générale procédera à ce renouvellement partiel selon les modalités prévues au titre VIII des présents statuts.
L'association ne peut effectuer d'actes de commerce avec les membres du bureau et leur famille.

Art. 14

Le président a les pouvoirs les plus étendus pour l'exécution des décisions prises par l'assemblée générale ou le bureau pour remplir les obligations légales et statutaires imposées aux associations agréées, à charge pour lui de rendre compte de ses actes à l'assemblée générale et au bureau.
Il ordonnance les dépenses.

Art. 15

Le trésorier reçoit le produit des cotisations, des ressources autorisées et assure le paiement des dépenses ordonnancées par le président.
Il ne peut opérer de mouvements de fonds sur les comptes de l'association qu'après avis du président ou, en l'absence de celui-ci, d'un vice-président habilité.
Il doit tenir une comptabilité pour les ressources et les dépenses propres à l'association.
Il doit tenir une comptabilité distincte des sommes perçues au titre de la taxe piscicole.
L'exercice comptable est l'année civile. À la fin de chaque exercice, sur des formulaires fournis par la fédération, le trésorier doit présenter ses deux

comptabilités au contrôle de la fédération et de l'administration chargée de la pêche en eau douce.

Art. 16

Le secrétaire, en accord avec le président, rédige les procès-verbaux des réunions du bureau et des assemblées générales. Il assure la correspondance, les convocations des réunions et tous autres travaux qui lui sont confiés pour une bonne administration de l'association.

VI - Adhésion

Art. 17

Les cotisations statutaires sont fixées chaque année à l'avance par le bureau.

La cotisation doit être la même pour tous, sauf :

1° Pour ceux qui pêchent en bateau, auxquels il peut être demandé une cotisation complémentaire.

2° Pour les jeunes de moins de seize ans au 1er janvier de l'année civile, qui veulent pratiquer tous les modes de pêche autorisés et auxquels il est délivré une carte « jeune ».

3° Pour les personnes exonérées de la taxe piscicole et exerçant le mode de pêche défini à l'article L. 236-2 du Code rural[3], auxquelles peut être consentie une adhésion à titre gratuit ou à cotisation réduite.

Ces cotisations sont dues pour l'année entière qui commence le 1er janvier et payables quelle que soit l'époque de l'inscription.

Une cotisation particulière peut être prévue :

- pour les personnes auxquelles il est délivré une carte de pêche « vacances » ;
- pour les personnes auxquelles il est délivré une carte à la journée.

Toutes les personnes titulaires d'une carte d'adhésion ont la qualité de membre actif, à l'exception des personnes titulaires de la carte « vacances », des personnes titulaires de la carte journalière de pêche et de celles mentionnées au 3° ci-dessus, auxquelles il a été consenti une adhésion à titre gratuit ou à cotisation réduite.

3. Avec une ligne équipée de 2 hameçons au plus et lancer excepté.

Art. 18 - *Portée générale de l'adhésion*

L'adhésion donne le droit de pêcher dans les lots de l'association où la pêche est autorisée par la réglementation.
Cependant, sur des lots de pêche à vocation spécialisée, peuvent être instaurées par l'association des conditions spéciales d'accès pour les pêcheurs membres d'une AAPPMA ayant acquitté la taxe piscicole appropriée au mode de pêche proposé.

Art. 19

Dans le cadre d'actions promotionnelles initiées et coordonnées au niveau des structures nationales de la pêche attachées à la délivrance de la carte « jeune », de la carte « vacances » ou de la carte journalière, l'association est invitée à appliquer les conditions de cotisation recommandées par l'Union nationale pour la pêche en France. Ces conditions sont portées à la connaissance de l'AAPPMA par la fédération départementale.
En outre, peuvent être instaurées des permissions à la journée ou au mois pour les pêcheurs membres d'une autre association agréée et ayant déjà acquitté la taxe piscicole.
Le prix des permissions à la journée ne peut dépasser le quart de la cotisation annuelle.
Le prix des permissions au mois ne peut dépasser la moitié de la cotisation annuelle.

Art. 20 - *Cotisation des exonérés*

Pour les personnes exonérées de taxe piscicole et exerçant le mode de pêche défini à l'article L. 236-2 du Code rural[4], une adhésion à titre gratuit ou à cotisation réduite peut être consentie.
En cas d'application d'une cotisation réduite, son taux est au plus égal à 50 % du montant de la cotisation statutaire annuelle.

Art. 21 - *Réciprocité*

L'association peut librement adhérer à des accords de réciprocité du droit de pêcher, soit entre associations, soit dans un cadre départemental, dans un cadre interdépartemental.

4. Avec une ligne équipée de 2 hameçons au plus et lancer excepté.

Art. 22 - Obligations attachées à l'adhésion

L'adhésion à une association en qualité de membre est subordonnée aux conditions suivantes :

- acquitter, pour les membres, la cotisation statutaire ;
- acquitter la taxe piscicole, sauf pour ceux qui l'auraient déjà acquittée dans une autre association agréée ou qui en sont légalement dispensés en vertu de l'article L. 236-2 du Code rural[5] ;
- se conformer aux statuts et au règlement intérieur de l'association ;
- respecter les prescriptions législatives et réglementaires concernant l'exercice de la pêche en eau douce et se conformer à l'interdiction de commercialisation du poisson édictée à l'article L. 236-14 du Code rural.

L'association remet à chacun de ses membres une carte de pêche comportant le nom, le prénom, la date de naissance, l'adresse et la signature du titulaire. Le modèle de cette carte est arrêté par le conseil d'administration de la fédération.

L'association est tenue d'informer ses membres de l'étendue du domaine piscicole où ils peuvent exercer la pêche et des restrictions à cet exercice qui auraient été décidées dans le cadre du plan de gestion défini à l'article 8 des présents statuts.

Art. 23

L'adhésion peut être refusée à toute personne ayant porté préjudice à l'association ou ayant subi une condamnation pour infraction à la législation et à la réglementation de la pêche. En cas de contestation, le litige sera soumis à la fédération.

VII - Ressources - Comptabilité

Art. 24

Les ressources de l'association se composent du produit des cotisations et de toutes autres recettes autorisées par la loi.

Les sommes versées sont déposées dans un établissement bancaire public ou privé au choix du bureau.

Les ressources de l'association ne peuvent être affectées qu'à son objet social.

5. Voir 26.

Art. 25

Les sommes perçues au titre de la taxe piscicole sont obligatoirement comptabilisées sur un compte courant postal spécialement ouvert à cet effet.

Les retraits de fonds de ce compte ne peuvent s'effectuer que sur signature conjointe du président et du trésorier.

VIII - Réunions et assemblées

Art. 26

L'assemblée générale annuelle ordinaire est chargée d'examiner le rapport d'activité de l'exercice écoulé présenté par le président ou le secrétaire de l'association, le rapport financier de l'exercice civil écoulé présenté par le trésorier, le rapport de la commission de contrôle.

S'il y a lieu, elle statue en outre sur le renouvellement partiel du bureau.

Les décisions de l'assemblée générale sont adoptées à la majorité des membres actifs présents régulièrement convoqués au moins quinze jours à l'avance. Cette convocation précise obligatoirement l'ordre du jour de la réunion de l'assemblée générale. Le mode de convocation est prévu au règlement intérieur de l'association.

Des assemblées générales extraordinaires peuvent être convoquées en tant que de besoin dans les mêmes formes et conditions de délai que l'assemblée générale ordinaire.

Une assemblée générale se tient au cours du dernier trimestre de l'année précédant celle de l'élection du conseil d'administration de la fédération. Il y est procédé à l'élection des membres du bureau, à bulletins secrets, ainsi que, pour les associations de plus de deux cent cinquante membres actifs, à l'élection du ou des délégués autres que le président et de leur(s) suppléant(s).

Art. 27 - Commission de contrôle

Il peut être institué une commission de contrôle composée de un ou de deux membres élus par l'assemblée générale en son sein et pris en dehors du bureau de l'association. Après examen des comptes en présence du trésorier, la commission établit son rapport dans lequel elle se prononce sur le quitus à donner au trésorier sur l'exercice civil écoulé.

Ce rapport est lu en assemblée générale ordinaire.

IX - Agrément - Assurance

Art. 28

Pour justifier de son intérêt général, l'association établit obligatoirement chaque année un rapport d'activité indiquant notamment :

- le nombre de ses membres ;
- la consistance des droits de pêche détenus ainsi que les modifications intervenues par rapport à l'exercice précédent ;
- les mesures prises et actions menées en faveur de la surveillance, de l'exploitation, de la gestion piscicole de ses droits, de la protection des milieux aquatiques et de leur patrimoine piscicole.

Ce rapport est transmis obligatoirement avec les rapports des comptabilités de la taxe piscicole et des fonds propres de l'association à la fédération et au préfet (direction départementale de l'agriculture et de la forêt).

Art. 29

L'association n'est pas responsable des infractions commises par ses membres ou des accidents dont ils pourraient être les auteurs ou les victimes, non plus que leurs conséquences pécuniaires.

L'association est tenue de contracter une assurance en responsabilité civile pour les dégâts commis par l'un des ses membres à une propriété riveraine des droits de pêche qu'elle détient. Pour respecter cette obligation, la fédération peut se substituer aux associations adhérentes en contractant un contrat collectif.

Art. 30

L'association peut exercer les droits reconnus à la partie civile, après saisine éventuelle de la fédération, en ce qui concerne les faits portant un préjudice direct ou indirect aux intérêts qu'elle a pour objet de défendre.

Art. 31 - Actions en justice

Le bureau est l'organe compétent pour décider de l'engagement de toute action en justice devant toutes les juridictions compétentes.

La décision est prise à la majorité simple des membres du bureau présents.

Si le bureau décide d'engager une action en justice, il mandate le président pour faire le nécessaire et ce dernier représente l'association en justice.

Le président désigne tel avocat ou conseil chargé de la procédure.

En cas d'urgence ou de délai impératif, le président a compétence pour engager toute action en justice jugée nécessaire à la sauvegarde des droits de l'association.

Un bureau est convoqué dans les plus brefs délais afin qu'il statue sur le maintien ou le retrait de l'action en justice ayant pu être engagée par le président.
En cas de vacance ou d'empêchement du président, le pouvoir et les compétences ci-dessus visés par le président s'exercent au niveau du vice-président.

Art. 32
La renonciation à l'agrément, qui ne prend effet que le 1er janvier de l'année suivante, ne peut être décidée que par une assemblée générale extraordinaire selon les modalités de vote définies à l'article 33.
En cas de renonciation à l'agrément ou de retrait d'agrément de l'association, l'actif immobilier subventionné par l'État, le Conseil supérieur de la pêche ou la fédération est remis à la fédération départementale.

X - Dissolution

Art. 33
La dissolution ne peut être prononcée que par une assemblée générale extraordinaire spécialement convoquée à cet effet.
Le vote des deux tiers des membres actifs inscrits est requis.
Dans l'éventualité où la majorité requise n'est pas réunie, une nouvelle assemblée générale extraordinaire sera convoquée dans le mois suivant.
Cette assemblée pourra statuer sur la dissolution à la majorité des membres actifs présents.
L'actif social est versé à une ou plusieurs AAPPMA par décision du préfet sur proposition de la fédération. Les livres et archives sont transférés au siège de la fédération.

XI - Règlement intérieur

Art. 34
Un règlement intérieur détermine, en tant que de besoin, les modalités d'application des présents statuts. Il est conforme au modèle de règlement intérieur annexé au texte des statuts types d'une AAPPMA.
Ce règlement intérieur est adopté par l'assemblée générale sur proposition du bureau et annexé aux présents statuts. Un exemplaire en est remis à la fédération.

XII - Déclaration

Les dispositions légales ou réglementaires modifiant les présents statuts font l'objet d'une déclaration centralisée par la fédération aux services préfectoraux compétents, pour les départements du Bas-Rhin, du Haut-Rhin et de la Moselle, auprès du tribunal d'instance.
À l'exception de ces dispositions, l'association doit déclarer dans les trois mois, à la préfecture ou à la sous-préfecture, les modifications concernant :

- la composition du bureau ;
- le transfert du siège social ;
- la renonciation à l'agrément ;
- la dissolution de l'association.

Champ d'application de la législation sur la pêche en eau douce

(Extraits de la circulaire du 16 septembre 1987 adressée aux préfets)

Détermination des eaux où ne s'applique pas la législation de la pêche (eaux closes).
La distinction entre les eaux où s'applique la législation de la pêche, dites « eaux libres », et les eaux où elle ne s'applique pas, appelées « eaux closes », correspond à la traduction juridique de situations de fait.
Cette distinction est fondée sur le critère de la communication de l'eau.
Dans l'instruction des dossiers concernant la police de la pêche, vous entendrez par « communication » des eaux un écoulement naturel réalisé en surface de manière gravitaire.

1.1 Les « eaux closes »

Dans les « eaux closes », l'eau et le poisson sont *res propria,* et le propriétaire y exerce tous les droits utiles de possession dans les limites des

dispositions du Code civil. La pratique de la pêche n'y est soumise à aucune réglementation.
Peuvent être considérés comme « eaux closes » les plans d'eau sans communication amont avec les « eaux libres », c'est-à-dire alimentés par les eaux de ruissellement, de sources, de forage, de pompage, ainsi que par la nappe phréatique ou par d'autres plans d'eau avec lesquels ils sont reliés par des fossés et qui, en aval, ne communiquent pas avec des eaux libres, sauf éventuellement par des fossés ou des exutoires de drainage ne permettant pas la vie piscicole.
De même que vous admettrez que des circonstances imprévisibles, accidentelles et inévitables comme les crues exceptionnelles qui mettraient en communication une eau libre avec un plan d'eau ne conduisent pas à donner à ce plan d'eau le statut juridique d'« eau libre ». Dans ce cadre, les gravières et plans d'eau qui ne sont mis en communication avec les cours d'eau voisins qu'en période de crues exceptionnelles seront également considérés comme des « eaux closes ».
Par ailleurs, en application de l'article L. 231-4 du Code rural, les communications des eaux closes avec les eaux libres qui ont lieu lors des vidanges effectuées pour récupérer le poisson ne remettent pas en cause le statut juridique de ces eaux.

1.2 Instruction des demandes portant sur la délimitation du champ d'application de la législation de la pêche

Dans le cadre des pouvoirs de police administrative qui vous sont conférés en matière de pêche, la qualification d'une eau au regard de la législation de la pêche relève de votre compétence directe et exclusive. La charge de la preuve de l'absence de communication d'un plan d'eau avec les eaux libres incombe toutefois à son propriétaire.
Dans un souci de prise en compte de certaines situations locales traditionnelles, je vous demande de faire une application souple de la notion de discontinuité de la communication.
En tout état de cause, je vous rappelle qu'en cas de litige la qualification d'un plan d'eau au regard de la législation de la pêche relève de la compétence des tribunaux de l'ordre judiciaire.

■ Cours d'eau non domaniaux classés en 2e catégorie où la pêche aux engins et aux filets peut être pratiquée par les membres des AAPPMA [6]

(Arrêté ministériel du 24 novembre 1987)

Ain : la Veyle en aval du confluent avec le Renom. La Reyssouze du pont de la voie ferrée du Bourg-Chalon-sur-Saône, commune de Saint-Julien-sur-Reyssouze, jusqu'au barrage du moulin de Pont-de-Vaux. Le Sevron en aval du pont de Maretière, commune de Pirajoux. Le Saulnan en aval du pont de la R.D. 86, commune de Pirajoux. La Loeze, de Feillens, en aval du pont de Chintres, commune de Feillens.
Ardèche : l'Ardèche de la confluence avec la Ligne au pont d'Arc. L'Eyrieux du barrage lieu dit Saint-Andéol à la confluence avec le Rhône. Le Chassezac du pont de Gravières à la confluence avec l'Ardèche.
Aveyron : tous les cours d'eau.
Calvados : tous les cours d'eau.
Cantal : lac de retenue de Saint-Étienne-Cantalès.
Charente : la Charente de Taizé-Aizie jusqu'à Montignac.
Charente-Maritime : tous les cours d'eau, canaux et plans d'eau.
Cher : l'Auron en aval du pont du C.D. 951. La Loubière en aval du pont du C.D. 1. La Marmande en aval du pont du C.D. 76. L'Arnon en aval de son confluent avec le Portefeuille. L'Herbon en aval du pont du C.D. 75. La Neuve. La Théols sur tout son cours dans le département du Cher. L'Yèvre en aval du pont du C.D. 46. L'Annain en aval du pont du C.D. 104. Le Barabgeon en aval du pont de la R.N. 116. Le Croulas en aval du pont de

6. *La liste est fixée par le préfet, voir 46 et se renseigner sur place.*

la R.N. 116. L'Yévrette en aval du pont du C.D. 46. Le Faux Pallouet sur tout son cours. La Voiselle sur tout son cours. Le grand canal de dessèchement sur tout son cours. Le Langis en aval du pont de la R.N. 151. Le Fouzon sur tout son cours. La Rère en aval du pont du C.D. 79 à la limite départementale Cher/Loir-et-Cher. L'Aubois en aval du pont de la déviation de la R.N. 116. La Moule sur tout son cours. La Vauvise en aval du pont du C.D. 6.

Corrèze : tous les cours d'eau.

Côte-d'Or : la Dheune. La Bèze. La Vingeanne. La Vingeannote. L'Ognon. L'Ouche.

Essonne : l'Yerre. L'Essonne. La Bièvre. L'Orge. L'Yvette. La Remarde. La Juine en aval du pont de Morigny-Champigny. Tous les plans d'eau en communication avec la Seine ou avec les cours d'eau qui viennent d'être cités plus haut.

Eure : ballastière de Venable, Bernière et Tosny. Plans d'eau entre les P. K. 161.310 et 172.100 en bordure de Seine à Poses. Plans d'eau entre les P.K. 188.500 et 198.100 en bordure de Seine à Tosny.

Eure-et-Loir : le Loir et ses affluents. L'Eure et ses affluents. L'Huisne.

Gers : l'Adour. L'Arros.

Gironde : étangs de Carcans-Hourtin et Lacanau. La Dronne en amont du moulin de Coutras. La Dropt en amont de l'écluse du moulin de Labarthe. Le canal des étangs en aval de l'étang de Lacanau. Les marais et cours d'eau situés sur les communes de Saint-Androny, Saint-Genès-de-Blaye, Saint-Ciers-sur-Gironde, Anglade, Braud-et-Saint-Louis, Étauliers. Les marais et cours d'eau situés sur les communes de Bruges, Blanquefort, Ludon-Médoc, Macau, Parempuyre, Castelnau-Médoc, Arcins, Arsac, Avensan, Cantenac, Cussac-Fort-Médoc, Labarde, Lamarque, Listrac-Médoc, Margaux, Moulis, Soussans, Saint-Laurent-et-Benon, Pauillac, Cissac-Médoc, Saint-Estèphe, Saint-Julien-Beychevelle, Saint-Sauveur, Saint-Seurin-de-Cadourne, Vertheuil, Lesparre-Médoc, Bégadan, Blaignan, Civrac-en-Médoc, Quérac, Saint-Christoly-Médoc, Saint-Germain-d'Esteuil, Saint-Yzan-de-Médoc, Valeyrac, Vendays, Saint-Vivien-de-Médoc, Grayan-l'Hôpital, Jau-Dignac-et-Loirac, Soulac-sur-Mer, Talais, Vensac, Le-Verdon-sur-Mer, Couquèques, Gaillan-en Médoc, Ordonnac, Prignac-en-Médoc.

Hérault : la Vidourie en aval de l'usine électrique de Marsillargues, l'étang de Capestang.

Ille-et-Vilaine : tous les plans d'eau.

Indre : le Beuvrier, la Grosse Planche, la Cité, la Rivière (affluents de l'Indre). Le ruisseau des Chezeaux (affluent de la Creuse) et ses affluents. Le Nichat et le Saint-Martin (affluent et sous-affluent du Fouzon). L'Aubort (affluent du Gourdon). Le Liennet (affluent de la Théols).

Indre-et-Loire : l'Indre. L'Indrois. La Claise. La Cisse. L'Esves.

Landes : le Luy en amont du lieu dit Le Courant. Le Louit en aval du moulin de Vielle. Étangs de Cazeaux-Sanguinet, Biscarosse-Parentis, Mimizan, Aureilhan, Léon, Soustons, Hardy, Blanc, Turc, Tarnos, Garros, Yrieux. Courants de Mimizan, Sainte-Eulalie, Contis, Huchert, Vieux-Boucau et ruisseau de Hardy. Canal du littoral des Landes.

Loir-et-Cher : tous les cours d'eau et plans d'eau.

Loire-Atlantique : tous les cours d'eau et plans d'eau.

Loiret : le Loing. Le Loiret.

Lot : la Cère. Le Célé. L'Ouysse en aval du gouffre de Gabouy.

Lot-et-Garonne : tous les cours d'eau et plans d'eau.

Maine-et-Loire : tous les cours d'eau.

Mayenne : l'Erve. La Vaige. L'Ouette. La Taude. La Seiche. Le Béron. L'Oudon. La Pelterie. Le Chéran. L'Hière. Le Vicoin. La Varenne. La Mayenne du barrage de Saint-Frambault-de-Prières, en amont, de l'écluse de Bootz en aval. La Jouanne. L'Uzure. La Mée. Tous les plans d'eau.

Pyrénées-Atlantiques : tous les cours d'eau.

Haute-Saône : tous les cours d'eau.

Saône-et-Loire : tous les cours d'eau.

Sarthe : la Sarthe en amont du Mans. L'Huisne. Le Loir en amont du lieu dit La Pointe, commune de Marcon. La Braye en aval de son confluent avec la Pinolière. L'Orne saônoise. La Bienne en aval du pont de la voie communale n° 4, en aval de Thoiré-sur-Contensor à Coudroux. La Vègre en aval de son confluent avec le Végronneau. L'Erve. La Même.

Savoie : lac Aiguebelette.

Deux-Sèvres : tous les cours d'eau à l'exception de la Courance.

Vendée : tous les cours d'eau et plans d'eau.

Vienne : la Vienne en amont du barrage de Chitre, commune de Vouneuil-sur-Vienne. Le Clain en aval de son confluent avec le Payroux. La Charente. La Dive de Couhe. La Vonne. La Gartempe. L'Anglin. La Benaise. La Clouère en aval du pont Brion. Le Salleron. La Bouleure.

L'annuaire du pêcheur

Conseil supérieur de la pêche

Direction générale :

134, avenue de Malakoff, 76116 Paris, ... tél. : 01 45 02 20 20.

Délégations régionales :

COMPIÈGNE : 3, rue Sainte-Marie, 60200 Compiègne, ... tél. : 03 44 38 52 52.

RENNES : 85, rue de Rennes, 35510 Cesson-Sévigné, ... tél. : 02 99 83 96 82.

METZ : 18, rue de Nomeny, 57158 Montigny-lès-Metz, ... tél. : 03 87 62 38 78.

POITIERS : 112, faubourg de la Cueille, 86000 Poitiers, ... tél. : 05 49 41 29 88.

LYON : parc de Parilly, chemin des Chasseurs, 69500 Brion, ... tél. : 04 78 00 05 42.

CLERMONT-FERRAND : RN 89, Marmilhat, 63370 Lempdes, ... tél. : 04 73 90 26 26.

TOULOUSE : 34, boulevard Riquet, 31000 Toulouse, ... tél. : 05 61 63 00 02.

MONTPELLIER : 55, chemin du Mas-de-Matour, 34790 Grabels, ... tél. : 04 67 75 44 89.

Union nationale pour la pêche et la protection du milieu aquatique :

17, rue Bergère, 75009 Paris, ... tél. : 01 48 24 96 00.

Fédérations départementales de pêche et de protection du milieu aquatique :

01 AIN : 10, allée de Châles, 01000 Bourg-en-Bresse, ... tél. : 04 74 22 38 38.

02 AISNE : 9, ruelle Morion, 02000 Laon, ... tél. : 03 23 23 13 16.

03 ALLIER : 6-8 rue de la Ronde, 03500 Saint-Pourçain-sur-Sioule, ... tél. : 04 70 45 42 90.

04 ALPES-DE-HAUTE-PROVENCE : Étoile des Alpes, bât. E,
avenue du Levant, 04000 Digne-les-Bains, ... tél. : 04 92 32 25 40.

05 HAUTES-ALPES : immeuble Cadet-de-Charance n° 2,
rue Cadet-de-Charance, 05000 Gap, ... tél. : 04 92 53 54 71.

06 ALPES-MARITIMES : « Les Roses de France », atrium B,
34, avenue Saint-Augustin, 06200 Nice, ... tél. : 04 93 72 06 04.

07 ARDÈCHE : Innoparc, avenue Marc-Seguin, 07000 Privas, ... tél. : 04 75 66 38 80.

08 ARDENNES : 34, avenue Charles-de-Gaulle, 08000 Charleville-Mézières, tél. : 03 24 56 41 32.

09 ARIÈGE : 17, allée de Vilotte, 09000 Foix, ... tél. : 05 61 65 33 07.

10 AUBE : 10-12, rue François-Gentil, 10000 Troyes, ... tél. : 03 25 73 35 82.

11 AUDE : 32, rue Mazagran, 11000 Carcassonne, ... tél. : 04 68 25 16 03.

12 AVEYRON : 29, avenue Victor-Hugo, BP 305, 12003 Rodez Cedex, .. tél. : 05 65 68 41 52.

13 BOUCHES-DU-RHÔNE : espace La Beauvalle, hall B,
rue Mahatma-Gandhi, 13084 Aix-en-Provence Cedex 2, ... tél. : 04 42 26 59 15.

14 CALVADOS : 18, rue de la Girafe, 14000 Caen, ... tél. : 02 31 44 63 00.

15 CANTAL : 14, allée du Vialenc, 15000 Aurillac, ... tél. : 04 71 48 19 25.

16 CHARENTE : 60, rue de Bourlion, 16160 Gond-Pentouvre, ... tél. : 05 45 69 33 91.

17 CHARENTE-MARITIME : 43, avenue Émile-Normandin,
17000 La Rochelle, ... tél. : 05 46 44 11 18.

18 CHER : 103, rue des Mazières, 18000 Bourges, ... tél. : 02 48 67 92 22.

19 CORRÈZE : 1, avenue Winston-Churchill, 19000 Tulle, ... tél. : 05 55 26 11 55.

20 CORSE (fédération interdépartementale), 19, avenue Noël-Franchini,
20000 Ajaccio Cedex, ... tél. : 04 95 23 13 32.

21 CÔTE-D'OR : 25, rue Courtépée, 21000 Dijon, ... tél. : 03 80 57 11 15.

22 CÔTES-D'ARMOR : 66, boulevard Arago, 22004 Saint-Brieuc Cedex 2, tél. : 02 96 68 15 40.

23 CREUSE : 60, avenue Louis-Laroche, 23000 Guéret, ... tél. : 05 55 52 24 70.

24 DORDOGNE : 2, rue Antoine-Gadaud, BP 2072,
24002 Périgueux Cedex, ... tél. : 05 53 53 44 21.

25 DOUBS : 26A, rue de Lyon, 25720 Beure, ... tél. : 03 81 41 19 09.

26 DRÔME : 50, chemin de la Prat, BP 309, 26003 Valence Cedex, ... tél. : 04 75 78 14 40.

27 EURE : immeuble Leipzig, avenue de l'Europe, BP 411,
Pont-Audemer Cedex, ... tél. : 02 32 57 10 73.

28 EURE-ET-LOIR : pisciculture Saint-Jean, 28400 Saint-Jean-Pierre-Fixte, . tél. : 02 37 52 06 20.

29 FINISTÈRE : 1, rue du Poher, 29000 Quimper, ... tél. : 02 98 53 16 61.

30 GARD : 34, rue Gustave-Eiffel, ZAC de Grézan, 30000 Nîmes, ... tél. : 04 66 02 91 61.

31 HAUTE-GARONNE : 395, route de Saint-Simon, 31100 Toulouse, ... tél. : 05 61 42 58 64.

32 GERS : « A Larougeat », route de Toulouse, 32000 Auch, ... tél. : 05 62 63 41 50.

33 GIRONDE : 299, cours de la Somme, 33800 Bordeaux, ... tél. : 05 56 92 59 48.

34 HÉRAULT : mas de Carle, Octon, 34800 Clermont-l'Hérault, ... tél. : 04 67 96 98 55.

35 ILLE-ET-VILAINE : 149, rue d'Antrain, 35000 Rennes, ... tél. : 02 99 63 03 95.

36 INDRE : 17-19, rue des États-Unis, BP 102,
36002 Châteauroux Cedex, ... tél. : 02 54 34 59 69.

37 INDRE-ET-LOIRE : 25, rue Charles-Gille, BP 0835,
37008 Tours Cedex, ... tél. : 02 47 05 33 77.

38 ISÈRE : 1, rue Cujas, angle rue du Palais, 38000 Grenoble, ... tél. : 04 76 44 28 39.

39 JURA : 28, rue des Écoles, 39000 Lons-le-Saunier, ... tél. : 03 84 24 86 96.

40 LANDES : place Aristide-Briand, 40400 Tartas, ... tél. : 05 58 73 43 79.

41 LOIR-ET-CHER : 11, rue Robert-Nau, Vallée Maillard, 41000 Blois, ... tél. : 02 54 74 45 39.

42 LOIRE : 24, rue d'Arcole, 42000 Saint-Étienne, ... tél. : 04 77 32 14 99.

43 HAUTE-LOIRE : 32, rue Henri-Chas, 43000 Le Puy, ... tél. : 04 71 09 09 44.

44 LOIRE-ATLANTIQUE : Les Dorides, 1, rue Eugène-Varlin,
BP 904.19, 44104 Nantes Cedex, ... tél. : 02 40 73 62 42.

45 LOIRET : 49, route d'Olivet, BP 8157, 45081 Orléans Cedex, ... tél. : 02 38 56 62 69.

46 LOT : 182, quai Cavaignac, 46000 Cahors, ... tél. : 05 65 35 50 22.

47 LOT-ET-GARONNE : 44, cours du 9e-de-Ligne, BP 225,
47006 Agen Cedex, ... tél. : 05 53 66 16 68.

48 LOZÈRE : 12, avenue Paulin-Daudé, 48005 Mende, ... tél. : 04 66 65 36 11.

49 MAINE-ET-LOIRE : 14, allée du Haras, 49100 Angers, ... tél. : 02 41 87 57 09.

50 MANCHE : 7, place du Général-de-Gaulle, BP 89, 50190 Périers, ... tél. : 02 33 46 96 50.

51 MARNE : 44, rue Titon, 51000 Châlons-en-Champagne, ... tél. : 03 26 70 50 52.

52 HAUTE-MARNE : 24, rue de la Tour-Mongeard,
BP 61, 52002 Chaumont Cedex, ... tél. : 03 25 32 51 10.

53 MAYENNE : 78, rue Émile-Brault, 53000 Laval, ... tél. : 02 43 69 12 13.

54 MEURTHE-ET-MOSELLE : 50, rue Docteur-Bernheim, 54000 Nancy, ... tél. : 03 83 56 27 44.

55 MEUSE : 13, rue d'Anthouard, BP 215, 55105 Verdun Cedex, ... tél. : 03 29 86 15 70.

56 MORBIHAN : 3, rue Marcel-Dassault, 56890 Saint-Ave, ... tél. : 02 97 44 54 55.

57 MOSELLE : 4, rue du Moulin, 57000 Metz-Magny, ... tél. : 03 87 62 50 08.

58 NIÈVRE : 7, quai de Mantoue, 58000 Nevers, ... tél. : 03 86 61 18 98.

59 NORD : 4, place Gentil-Muiron, 59013 Lille Cedex, ... tél. : 03 20 54 52 51.

60 OISE : 10, rue Pasteur, 60200 Compiègne, ... tél. : 03 44 40 46 41.

61 ORNE : 59, rue Julien, BP 91, 61003 Alençon Cedex, ... tél. : 02 33 26 10 66.

62 PAS-DE-CALAIS : 2, résidence de France, rue Émile-Zola, BP 241,
62405 Béthune Cedex, ... tél. : 03 21 01 18 21.

63 PUY-DE-DÔME : Marmilhat, 63370 Lempdes, ... tél. : 04 73 92 56 29.

64 PYRÉNÉES-ATLANTIQUES : 24, rue Aristide-Briand, 64000 Pau, ... tél. : 05 59 02 38 27.

65 HAUTES-PYRÉNÉES : 28, boulevard du 8-Mai-1945, 65000 Tarbes, .. tél. : 05 62 34 00 36.

66 PYRÉNÉES-ORIENTALES : résidence Le Belvédère,
bât. C1, rue des Calanques, 66000 Perpignan, ... tél. : 04 68 66 88 38.

67 BAS-RHIN : 33a, rue de la Tour, 67200 Strasbourg-Koenigshoffen, ... tél. : 03 88 10 52 20.

68 HAUT-RHIN : 29, avenue de Colmar, 68200 Mulhouse, ... tél. : 03 89 59 06 88.

69 RHÔNE : « Le Norly », 42 chemin Moulin-Carron, 69130 Écully, ... tél. : 04 72 18 01 80.

70 HAUTE-SAÔNE : 4, avenue du Breuil, BP 9, 70000 Vaivre-Montoille, ... tél. : 03 84 76 51 41.

71 SAÔNE-ET-LOIRE : 61, rue de l'Héritan, BP 99, 71004 Mâcon Cedex, . tél. : 03 85 38 28 52.

72 SARTHE : 40, rue Bary, BP 17, 72000 Le Mans, ... tél. : 02 43 85 66 01.

73 SAVOIE : ZI Les Contours, 73230 Saint-Alban-Leysse, ... tél. : 04 79 85 86 36.

74 HAUTE-SAVOIE : 1, rue de l'Industrie, 74000 Annecy, ... tél. : 04 50 45 26 90.

75 PARIS — HAUTS-DE-SEINE — SEINE-SAINT-DENIS — VAL-DE-MARNE :
83, rue Léon-Frot, 75011 Paris, ... tél. : 01 43 48 36 34.

76 SEINE-MARITIME : 10, rue d'Harcourt, 76000 Rouen, ... tél. : 02 35 07 57 28.

77 SEINE-ET-MARNE : 13, rue des Fossés, 77000 Melun, ... tél. : 01 64 39 03 08.

78 YVELYNES : 19, rue du Docteur-Roux, 78520 Limay, ... tél. : 01 34 77 58 90.

79 DEUX-SÈVRES : 33, rue du Galucher, 79000 Niort, ... tél. : 05 49 09 23 33.

80 SOMME : 52, rue E.-Letocart, 80850 Berteaucourt-les-Dames, ... tél. : 03 22 52 92 91.

81 TARN : allée du Belvédère, 3-5, rue des Jardins-Neufs,
BP 68, 81102 Castres Cedex, ... tél. : 05 63 35 55 56.

82 TARN-ET-GARONNE : bât. A, 56, avenue Gambetta,
82000 Montauban, ... tél. : 05 63 63 01 77.

83 VAR : rue des Déportés, immeuble Foch, BP 104,
83170 Brignoles Cedex, ... tél. : 04 94 69 05 56.

84 VAUCLUSE : 5, boulevard Champfleury, immeuble Fontaine,
84000 Avignon, ... tél. : 04 90 86 62 68.

85 VENDÉE : 10bis, rue Haxo, BP 673, 85016 La Roche-sur-Yon, ... tél. : 02 51 37 19 05.

86 VIENNE : 178, rue Georges-Guynemer, 86000 Poitiers, ... tél. : 05 49 37 66 60.

87 HAUTE-VIENNE : 31, rue Jules-Noël, 87000 Limoges, ... tél. : 05 55 06 34 77.

88 VOSGES : 3, rue du Saulcy, 88000 Épinal, ... tél. : 02 29 31 18 89.

89 YONNE : « Le Patio de l'Arquebuse »,
9-11, rue du 24-Août, 89000 Auxerre, ... tél. : 03 86 51 03 44.

90 TERRITOIRE DE BELFORT : 18, faubourg Saint-Martin,
Cidex 342, 90150 Foussemagne, ... tél. : 03 84 23 39 49.
91 ESSONNE : 7, place Vaillant-Couturier, 91100 Corbeil-Essonnes, ... tél. : 01 64 96 14 00.
95 VAL-D'OISE : 48, rue de Gisors, 95300 Pontoise, ... tél. : 01 30 75 10 83.
97 LA RÉUNION : Arda, ZI Les Sables, RN 2, 97427 L'Étang-Salé, ... tél. : 02 62 56 51 27.

Fédérations réciprocitaires

L'Entente halieutique du Grand Ouest :

« Les Dorides », 1, rue Eugène-Varlin, 44100 Nantes, ... tél. : 02 40 73 62 42.

Club halieutique :

résidence Le Belvédère, bât. C1, rue des Calanques, 66000 Perpignan, ... tél. : 04 68 66 88 38.

Union des pêcheurs de l'Île-de-France :

83, rue Léon-Frot, 75011 Paris, ... tél. : 01 43 48 36 34.

Affaires maritimes

(liste non exhaustive)

Mer du Nord, Manche, Atlantique

Arcachon (33120) : 194, boulevard de la Plage, ... tél. : 05 57 52 57 07.
Audierne (29770) : 1, rue Lamartine, ... tél. : 02 98 70 03 33.
Auray (56400) : route de Crach-Bel-Air, ... tél. : 02 97 24 01 43.
Bayonne (64100) : quai de Lesseps, ... tél. : 05 59 50 31 50.
Bordeaux (33000) : 2, rue Fondedège, ... tél. : 05 56 00 83 00.
Boulogne (62200) : 92, quai Gambetta, ... tél. : 03 21 30 53 23.
Brest (29200) : 6, rue Saint-Saëns, ... tél. : 02 98 80 62 25.
Cherbourg (50100) : quai Général-Lawton-Collins, ... tél. : 02 33 23 36 00.
Concarneau (29900) : 4, rue Lucien-Hascouët, ... tél. : 02 98 60 55 56.
Dieppe (76200) : 24, quai du Carénage, ... tél. : 02 35 06 96 70.
Douarnenez (29100) : 46, rue Henri-Barbusse, ... tél. : 02 98 92 00 91.
Dunkerque (59140) : 22, rue des Fusiliers-Marins, ... tél. : 03 28 26 73 00.
Fécamp (76400) : 15, rue Gustave-Lambert, ... tél. : 02 35 10 34 34.

La Rochelle (17000), rue de Bastion-Saint-Nicolas, ... tél. : 05 46 28 07 22.

Le Guilvinec (29730) : 37, rue de la Marine, ... tél. : 02 98 58 13 13.

Le Havre (76600) : 4, rue du Colonel-Fabien, ... tél. : 02 35 19 29 75.

Lorient (56100) : 88, avenue de la Perrière, ... tél. : 02 97 37 16 22.

Paimpol (22500) : rue du Docteur-Monjarret, ... tél. : 02 96 55 35 00.

Saint-Malo (35400) : 27, quai Dugay-Trouin, ... tél. : 02 99 40 68 30.

Saint-Nazaire : 9, boulevard de Verdun, ... tél. : 02 40 22 46 32.

Méditerranée

Ajaccio (20000) : boulevard du Roi-Jérôme, ... tél. : 04 95 51 75 10.

Bastia (20200) : quai du 1er-Bataillon-de-Choc, ... tél. : 04 95 32 84 60.

Marseille (13002) : 23, rue des Phocéens, ... tél. : 04 91 36 69 00.

Nice (06300) : 20, quai Lunel, ... tél. : 04 92 00 41 50.

Sètes (34200) : 16, rue Hoche, ... tél. : 04 67 46 33 00.

Toulon (83000) : 244, avenue de l'Infanterie-de-Marine, ... tél. : 04 94 46 92 00.

Associations de pêcheurs en mer

Fédération française d'études et de sports sous-marins :
24, quai de Rive-Neuve, 13007 Marseille, ... tél. : 04 91 33 99 31.

Fédération française des pêcheurs en mer :
immeuble Alliance, 3, rue du Pont-de-l'Aveugle, 64600 Anglet, ... tél. : 05 59 31 00 73.

Pour en savoir plus

Il existe peu d'ouvrages de référence sur le droit de la pêche en eau douce, mais ils sont de qualité. On peut recommander particulièrement :

- *La Pêche et le droit*, de Jacques Guilbaud, aux éditions LITEC (27, place Dauphine, 75001 Paris), qui devrait faire prochainement l'objet d'une réédition ;
- *La Pêche en eau douce et gestion des ressources piscicoles*, aux éditions La Baule (259, avenue Maréchal-de-Lattre-de-Tassigny, B.P. 33, 44501 La Baule Cedex), réalisé par Benoît Guevel, chargé de mission pour les affaires juridiques au Conseil supérieur de la pêche. Cet ouvrage se présente sous la forme d'un jurisclasseur faisant l'objet de mises à jour régulières.

Les écoles de pêche

Jusqu'à un passé récent, l'apprentissage de la pêche se faisait naturellement avec un parent au bord de l'eau. Les modifications structurelles de la société, et notamment l'exode rural, ont rendu caduc ce mode de transmission du savoir pêcher. Pour cette raison, ces dernières années ont vu se multiplier les écoles de pêche. Ces structures se sont substituées aux proches pour guider les premiers gestes des néophytes et leur apprendre les techniques nécessaires.

Aujourd'hui, il existe quelques centaines d'écoles de pêche. Certaines sont agréées. Leur but est de permettre au pêcheur débutant, à l'issue de sa formation, de pratiquer la pêche en ayant un comportement autonome et responsable vis-à-vis de la nature, des autres usagers du milieu aquatique et de lui-même. On peut obtenir tous les renseignements utiles au sujet de ces écoles en s'adressant aux associations de pêcheurs ou à leurs fédérations (voir « L'annuaire du pêcheur »).

Index

Les chiffres renvoient aux numéros des articles

R

S

T

U

V

W

Z

Crédits photos et dessins
Les photos sont de P. Boyer/Rustica : p.106 ;
J.-P. Gislard/Rustica : p. 32 ;
C. Le Tanter : pp. 44, 68, 96, 130, 138 ;
J. Ribière/Rustica : pp. 40, 78 ; Rustica : pp. 6, 88 ;
L. Trémellat/Rustica : p. 22 ; N. Thibaut/Rustica : p. 102.
Les dessins ont été réalisés par P. Woolfenden.

Photo de couverture : J.-C. Chantelat
Maquette de couverture : S. Mendoza

Maquette - Mise en pages - Photogravure
Nord Compo (59650 Villeneuve-d'Ascq)

Impression et reliure : Pollina s.a., 85400 Luçon - n° 76317
Achevé d'imprimer en janvier 1999